舍勒人学视野下的主体间性

任 泽 著

北京理工大学出版社
BEIJING INSTITUTE OF TECHNOLOGY PRESS

图书在版编目（CIP）数据

舍勒人学视野下的主体间性／任泽著．—北京：北京理工大学出版社，2017.6

ISBN 978 - 7 - 5682 - 4084 - 0

Ⅰ. ①舍…　Ⅱ. ①任…　Ⅲ. ①舍勒（Scheler，Max1874 - 1928）- 人学 - 研究　Ⅳ. ①B516.59②B038

中国版本图书馆 CIP 数据核字（2017）第 096415 号

出版发行／北京理工大学出版社有限责任公司

社　　　址／北京市海淀区中关村南大街5号

邮　　　编／100081

电　　　话／（010）68914775（总编室）

　　　　　　　（010）82562903（教材售后服务热线）

　　　　　　　（010）68948351（其他图书服务热线）

网　　　址／http：//www. bitpress. com. cn

经　　　销／全国各地新华书店

印　　　刷／保定市中画美凯印刷有限公司

开　　　本／710 毫米×1000 毫米　1/16

印　　　张／11　　　　　　　　　　　　　　　　责任编辑／刘兴春

字　　　数／143 千字　　　　　　　　　　　　　文案编辑／刘兴春

版　　　次／2017 年 6 月第 1 版　2017 年 6 月第 1 次印刷　　责任校对／周瑞红

定　　　价／48.00 元　　　　　　　　　　　　　责任印制／李志强

摘　　要

　　舍勒在对待主体间性问题上，坚持了现象学的基本立场，以事物的自身被给予为问题解决的出发点。为获得事物本身，必须还原、悬搁种种生命欲求，以便使现象学直观的纯粹的精神体验顺利进行。舍勒不仅批判了前人及其同时代学者关于把人当作与客体相对立的主体的各种识见，还由此确立起自己关于事物自身及人自身的相关问题的基本看法。在这里，人被揭示为生命个体在爱的行为中的价值存在；而同时，这种本质也决定着每一个个体存在都必然地隶属于总体存在，个体与总体之间处于本质性的关联当中。关于主体间性问题的阐释中，他者在源自爱的同情性体验里被明证地给予和感受，这种同情性经验也属于人的本质，换言之，人必然是与他者相互一同体验地生存着，并于这种与他者共在的状态中实现自身价值与存在的统一。

目　录

引　论

　　现象学自创立之初起，经数位现象学大师的发展，在形态及内容上表现得多种多样，但都具有属于它自己的立场：借助于现象学的方法或态度，呈现出事物的本来面目。对于现象学的创始人——胡塞尔来说，现象学不仅仅意味着一种方法，更重要的是，现象学将通过这种方法实现关于现象学自身的理论建构，达到一门关乎事物本质的纯粹的逻辑学，为自然科学和可作为严格科学之哲学提供坚实可靠的基础。而在本文涉及的主要人物——舍勒——那里，在经过十几年的苦苦寻索之后，现象学成为他批判前人的人学观点以及创立自己的人学理论最为得力的手法，在他看来，以现象学的"态度"观世界，将会使人敞开来真实地朝向自身、朝向事物，获得对事物本身、对人自己本身的认知。

　　不论是在胡塞尔的现象学里，还是在舍勒的理论学说当中，都曾涉及主体间性问题。只是，他们两人在提出问题的背景以及解决问题的方案上，各不相同。

　　（Ⅰ）在胡塞尔那里，主体间性问题的提出及解决，不仅取决于这一问题之缘起及其性质，还与胡塞尔对现象学所抱之形而上学的理想有着密切的关系。

　　伴随着近现代主体主义的兴起及确立，作为主体的自我与作为客体的对象被区分开来，对象的范围从物质实体延伸到心灵实体。这样一来，在自我之外的其他心灵存在，一方面，同样可称之为

"自我"，并以转变了的形式成为主体；另一方面，这个"自我"却又俨然以一副"对象"的面孔被呈现出来，主体认识对象及如何认识的问题也由此而扩展至这一个主体自我对作为他者的另一个主体自我的认识及如何认识的问题上来，主体间性由此产生。显然，主体间性在这里首先表现为一个认识论的问题。另外，主体主义坚持以"自我"为认识的起点和依据，这一立场在某种意义上含有唯我论的隐患，而欲避开此一隐患必然对认识依据的普遍性有所要求，这对主体主义者来说，也就意味着将作为认识起点及依据的"自我"从单个自我之主体上升到容纳众多自我的主体间性，显然，他者问题的解决直接关系到"自我"能否涵盖普全、成为大全世界所从出、所归入的源泉与归属，这恰恰是形而上学之所向。因此，主体间性也关系到本体论。

胡塞尔的现象学是以超越论的自我来解决主体间性问题的。其中，胡塞尔经过现象学的本质还原和先验还原，使确然明证之"我思"摆脱了身体意义下和心理意义下的"自我"，实现先验自我，并由此达到融合内在与外在、自我与他者于一体的生活世界的理想境界。在胡塞尔看来，经过本质还原、本质直观，实事本质得以浮现，这个从个体事物中抽取出来的本质独立于个别事物，其来源也不在个别事物之中，而是为意向性的意识活动自身所蕴含着；但这意识若是现实的、个体的人的意识，便总又难免会落入唯我论的困境中，所以才有进一步的先验还原，将人——生理、心理意义下的人——从意识中剔除出去，剩下纯粹的先验自我。由此，胡塞尔将作为前科学之科学、所有意义来源之意义一并归入到这个先验自我当中。所有的认知活动，包括对他者的身与心的认识，都是通过先验自我的构造来完成的。

以上关于胡塞尔对主体间性的种种观点，说到底都涉及实事本质、人以及这两者之间关系等诸问题，而胡塞尔对其所采取的态度，不外乎主体主义的立场：认识是作为先验自我的主体内部的认识，除此之外，认识是不可能的，或者说不具有合理性的。换言之，包括他者在内的一切事物之是其自身的本质最终是通过主体自我得以实现的。这一点，胡塞尔与康德有相似之处，只是，就现象学的立场——面向实事本身而言，胡塞尔的现象学较之于康德的不可知论要走得更远一些，或者可以说是——更彻底一些。

在康德那里，人类的经验知识是由主体运用其先天形式、先验范畴统摄感性材料而来，这无非便是将被认知的对象纳入到主体之中，就此而言，他与胡塞尔的主体主义立场相同，只不过这个主体在胡塞尔看来是先验自我、纯粹意识，而在康德则是知性主体。连胡塞尔本人亦承认这其中的相似之处："……康德哲学是处在一条与我们所定义的先验哲学的形式的、一般的意义相一致的道路上。它是一种在反对前科学的和科学的客观主义的斗争中回到作为一切客观主义的授予和对存有的认定的最终所在地的认知的主体中去的哲学。"① 这段话所表达的也正是，一切关于他物的客观性的认识，都源于先验的认知主体。只是康德的"知性主体"只提供知识所以可能的形式、范畴，不提供形式、范畴借以发挥功能的质料内容。质料内容的来源在于人对之无所知识的物自体，人们对于事物的认识只是事物对主体的显现。而胡塞尔从现象学的角度认为，事物所显现出来的现象即事物之本质，就此而论，事物是可认识的，从而将康德的不可知论搁在了一边，知识在胡塞尔"生活世界"里也由此获得了较康德的更为广阔的视界。

可是，不管怎么样，康德与胡塞尔在将知识的普遍必然性和绝对有效性的根据放置在带有先天性、先验性的主体之中的同时，却都没有彻底地考察主体之为必然有效根据之合法性的来源。

就康德的认识论而言，人们所能获得的知识——即使是与对象直接相关的感性认识，从一开始就是由先天形式所统摄了的"现

---

① 张志平．舍勒的先验论及其对康德的批判［J］．上海师范大学学报（社科版），2002（3）：1－7.

象"，现象界中的"人"只具有认识论意义，却没有本体论的内涵。在康德那里，本体论的"人"作为"物自体"是不可知的，也是不可言说的；认识论意义下的"人"也即理性主体，所有个体，就其作为理性主体而言是同一的，因而，康德所谓的"主体"是一般性的主体。这样看来，唯我论的困境对康德的认识论哲学似乎并不存在。可即便如此，理性主体的无根据性依旧是显然的。问题到了胡塞尔那里变得更加突出起来。虽然现象学的直观所直观到的是事物本身及其本质，但直观行为的初始却是一个个具体的事物（或者是事物的某一方面），具体事物因而是胡塞尔现象学无法避免的。事物如此，他者也不能例外。而一个个的他者同时也是一个个的自我。如果经本质直观所得到的本质最终所凭靠的是这样的、一个个的具体自我，那么，由此而得到的本质也必然是唯我论的结果，因而必须由这种单个主体走向主体间性，即由单个自我意识走向普遍意识——纯粹的我思，也即先验自我，使"我的"成为"我们的"。

"自我"虽然上升到了"先验自我"，可在未给予先验自我以先验性根据的时候，又怎么能将它与具体自我区别开来呢？这一问题在真正达到先验自我——生活世界的理想境界①之后，或许已不再是非面对不可的难题。但是，就其理论整体而言，这一层次得以实现的可能性及可靠性却是需要追究的，而就对此一问题的解答主要在于为其理论提供存在论的依据而言，胡塞尔显然并未给出较为完满的回应，也恰恰是在这个意义上，可以说，唯我论的困境是胡塞尔的本质还原、甚或先验还原都无法彻底避免的。自身缺失先验性——或者说存在论——依据的"先验自我"，最终仍将落入唯我论的困境中。而这也意味着，在胡塞尔那里，主体间性问题未能得到彻底的解决，尽管胡塞尔给出的答案是可借鉴的。

---

① 简言之，这是一个"万物皆备于我"的"大我"之境。

在这篇论文里，论述所围绕的主题是，舍勒对于主体间性问题的理解与说明，不过，从已经谈到的一些情况来看，对这一问题的说明，将最直接地关系到舍勒现象学中许多基本的观点与立场。

（Ⅱ）舍勒（Max Scheler，1874—1928），德国著名的基督教思想家，继胡塞尔之后现象学最具影响力的人物之一，是现象学价值伦理学的创立者、知识社会学的先驱、现代哲学人类学的奠基人。舍勒一生的思想博杂多方，研究范围遍及伦理学、宗教学、现象学、社会学、政治思想、形而上学和哲学人类学等诸多领域，[①] 但人的问题却是他毕生关注的核心问题。

舍勒认为，在他所处的时代里，人对自身的许多种解释，不仅无助于认识、理解人的本质与价值，反而使其显得更加盲目而无知。其中最具代表性的是，现代人学对人作为理性主体的界定。随着这一观念的普及，人们渐渐相信，除了理性主体的存在与不可动摇的优越性之外，其他事物都是可质疑的；凭借着理性，人将自己捧为众事物围绕其间的中心，并成为一切意义价值的准绳。

德行与非德行，善与恶，正义与非正义，都要接受理性的评判。而对人而言，这些具有价值内涵的东西，也不再是人心灵本质的事物：善之为善，只是因为遵守了理性的要求，而恶之为恶，亦只是因为违背了理性的要求。人们原来判断事物与自身的标准在于，事物的本质与自身的心灵本身，而在一个"工作与成就的时代"[②]，这些东西却为人所掩盖。善被等同于善举，恶被等同于恶行。一切可称之为"品质""本质"的东西都黯然失色，理性的法则却如日中天。

但是，在多元的现实世界面前，理性主体的原初含义遭到了质疑。与统一的理性规则相对，忽视自身实质的现象，最终分崩离

---

① 张伟．马克斯·舍勒研究状况述评［EB/OL］．http：//www. cnphenomenology. com/0212082. htm，2002 - 12 - 08/2006 - 04 - 11.

② 刘小枫．舍勒选集（上）［M］.上海：三联书店，1999：711.

析：善举未必即善，恶行未必即恶。正因如此，理性主体的统一性也一再地受到冲击而趋于瓦解。以人的依据作为众事物的依据，其结果是人自身依据的丧失，并将外在事物的价值混同于人自身的价值。主体性的确立最终将导致主体性的消解，这似乎成了主体主义的命运。启蒙运动之后，人借助于自身的理性成为世界的中心，可到舍勒所处之时，理性主体的地位开始动摇，非理性主义在理论界崭露头角，这些都造成了人类中心主义逐渐的消解，但这是否也意味着人将无处找寻自身的意义和本质了呢？连带地，其他事物的意义价值的标准又将如何确定呢？理性与非理性之间的关系将如何处理？面对已被发现了的"人"——不论是自我，还是他者，面对其他依然受盲目价值观引导而遭受不合理对待的事物，这些都是迫切需要解答的问题。

中世纪以后，神本主义渐渐为人本主义所取代，人们曾欢呼这是人自身意义及价值最终确立的里程碑。但事与愿违，在其后的岁月里，人们所看到的不是人的地位的提升而是贬低。面对此情此景，舍勒坚持认为，人仍然有永恒的东西，这便是："上帝赋予每一人的不可剥夺、不可转让的精神位格，这一位格的核心乃是在人自身内具有最高价值、无穷无尽地促使人高贵并向基督看齐的爱的意向"①。不过，舍勒并不满足于对人的本质进行单纯的理论阐述，而是还试图寻找这一本质得以实现的社会性的因缘，这最为直接地关系到舍勒对于主体间性问题的思考。话到此处，可以想见，与胡塞尔不同，舍勒对主体间性的思考并不是为达到形而上学目的拾阶而上的梯台，因为天主教的教理已为他提供了足够的依据，而毋宁说，这是他立足于现象学的立场上，对其理想信念的一种实践，并且，只是因此这一实践才具有了形而上学的意义。

舍勒出生于慕尼黑一个领地管理员的家庭。其父出自新教家

---

① 刘小枫. 人是祈祷的 X ［A］// 走向十字架上的真. 上海：三联书店，1995：77.

庭，其母出自犹太家庭，舍勒成年后加入天主教会，虽曾几次退出教会又几次重新加入，甚至也曾对天主教理论的某些方面提出过尖锐的批判，但他在少年时代就已主动选择了的天主教世界观，却始终为他所接受，并为他在其后的理论学说中提供形而上学的基础。在他看来，人的精神价值的一再贬低，恰恰是基督教所代表的精神价值让于价值最低的人类自然欲求的世俗伦理所致①，在他那个时代，占据人们头脑的是"基督教的破产"，"基督教的精神价值遭到近代以来各种人文学的诋毁和颠覆，要恢复基督教的价值，就必须澄清种种人文学观念的谬误"②。

舍勒早年求学时学的是现代医学和心理学，后来钻研哲学与社会学，他涉猎面广泛，关注的领域涉及自然与人文的诸多学科，这为他在后来众多学术领域均有独到建树打下了基础。在哲学方面，舍勒受到当时的生命哲学、新－康德主义、价值学说以及现象学的影响，对他们各自的思想观点各有所取舍；其中，舍勒在他的三位老师——狄尔泰、西美尔、奥依肯——那里，领略了有关哲学之受历史文化制约的本质、价值的相对性及人类生活中不可化约的精神领域等各种不同见解及主张。③ 熟悉这几个人物的人们，应该不会忘记，他们针对人类精神领域，提倡采取不同于自然科学的方法。受其师影响，舍勒意识到近代以来自然科学方法之应用于人文学科，致使人学理论偏离了对精神价值的探索，并导致了人对自身认识的种种谬见，而他同时也渐渐感到，若想扭转人对自身的误识，恢复人及精神价值的应有地位，必须首先寻找到一种合适的方法。这种方法主要指的便是舍勒现象学意义下的直观。

舍勒早先就已从卡尔·施通普夫那里接受了描述现象学的教

---

① 刘小枫．人是祈祷的 X［A］//走向十字架上的真．上海：三联书店，1995：77.
② 刘小枫．人是祈祷的 X［A］//走向十字架上的真．上海：三联书店，1995：79.
③ Philip Blosser. Athens. *Scheler's critique of Kant's ethic*. Ohio：Ohio University Press，c1995：4.

育，但只是在这之后与胡塞尔的相遇，才对其哲学生涯起到了决定性的影响。[①] 1901 年，在一次康德研讨会上，舍勒平生第一次接触到胡塞尔，会间，两人曾就直观概念有简短的沟通，之后舍勒与胡塞尔之间的精神联系持续了二十多年之久。舍勒的现象学立场也是从那时起逐渐确立起来的。在舍勒看来，只有在现象学的立场上，借助于直观的方法，才能在对世界的把握中触及事物的本质，也只有这样，才能在面对本质的前提下批判以往种种误识的有力依据，并将人们引向回归人的本质及实现精神价值的道路上来。这不仅是舍勒现象学思想的出发点，而且也是舍勒在解决主体间性问题时的理论基础。

就已提及的人物——康德、胡塞尔、舍勒——而言，他们在讲到与事物直接相关的认知方式时，都曾涉及直观，但是，他们三人对直观内涵的理解却不尽相同。

康德讲直观，不仅提到了感性直观，而且提到了智性直观。感性直观必须在先天形式的规定下接受外来事物的刺激以形成感性质料，因此，它虽然最直接地与事物相关，但却不能直接达到事物本身，而是只有通过蕴含先天形式的主体才得以可能。与感性直观相对比，康德赋予智性直观以直接给予事物本身、对象本身以及反观自身等的特殊职能；如果智性直观的这些职能能够发挥出来，那么，认识活动本身就可以在没有行使统摄认识对象的主体的情况下独立地完成，换句话说，认识与认识对象在这种特定的认识活动中，是两个直接相关且不可或缺的必要因素，除此而外，无须其他。可事实上，康德关于智性直观的种种设想，在他看来，对人而言，是不可能实现的，因此，康德对智性直观内涵及职能的揭示与阐述，恰恰更进一步地说明，人们所不能达到的是什么。在对认知作这样的理解的前提下，人理所当然地成为认识的主体，成为在认

---

① Philip Blosser. Athens. *Scheler's critique of Kant's ethic*. Ohio：Ohio University Press，c1995：7.

知活动中发挥主导作用的因素。

在康德的认识论里，由于认知活动必然地受到认识主体的中介，所以不论是事物本身、还是人自身都是不能直接达到的。不过，若以康德的这种识见为参照，那么，便还可能存在两种关于认知的理解：一种是试图达到事物本身、人自身，但人作为认识主体仍然是认知活动中的主导因素；另一种则是，完全地剔除掉人作为认识主体的可能性及必要性，使事物本身、人自身于认知活动中完全地呈现出来。就本文而言，胡塞尔的现象学直观体现了前者，而舍勒的现象学经验则体现了后者。

胡塞尔对直观也作了区分，在形式上有些接近康德，即感性直观与本质直观。但他所讲的本质直观并不具有康德智性直观的内涵与职能，即不能直接且完全地达到事物本身，因为感性直观也分担着达到事物本身的部分功能。可也正因此，使胡塞尔在承认事物本身更多地意味事物的本质的时候，又要顾忌在这个事物被原本地被感知到之前是否可断定这个事物的存在，乃至于是否可断定这个事物的被给予。从后一点上来讲，胡塞尔的现象学直观，带有明显的经验主义的残留，而这又恰恰使胡塞尔不得不考虑，如何将本质与表象统一、联结到一起的问题。胡塞尔最终还是选择了康德式的解决方式，即以主体——蕴含本质内涵于其中的先验自我的形式主体——来统摄表象。可这样一来，现象学"面向实事本身"的初衷，便转变成了先验自我对事物的构造。这一点在舍勒那里得到了改观。

舍勒所谓的直观，与胡塞尔的直观，最明显的特点便是，通过直观所直观到的现象就是事物的本质，不再有感性经验的、非本质的东西，因此，任何通过现象学直观所直观到的，便就是那个被直观的事物自身所给予的，不多也不少。所以如此者，只在于内在于人之中的精神性体验。舍勒赋予精神性体验以直观事物本身及反观自身（自身意识）的功能，这与康德对智性直观的种种设想在很大程度上是相通的。借助这样的功能，认知活动可以独立地完成，认识的事物于认识的过程中呈现出来，成为认识的对应项，不再需要其他任何助动性因素的加入。所以，在舍勒的现象学里，不再会出现象在康德、胡塞尔那里常见到的主体，人也因此不再被理解为认知的主体，而精神性的体验又于自身的意识性活动中，将人本身理解为精神性的位格，赋予人以在爱的意向中行动的本质内涵。

在这里，既然人不是任何意义下的主体，而是精神性的位格存在，那么，说"主体"间性似乎有些不太恰当。不论是康德，还是胡塞尔，当他们把人当作主体时，人与人之间可能存在的实质性差异便被忽略掉了，但舍勒所说的精神性位格，却在根本上就是具有属己特征的个体性存在。因而，一方面，或者可以说，在舍勒这里更有资格去谈论人与人之间的问题，而另一方面，对舍勒来讲，将此问题称为个体位格之间或者更合适一些。

按照舍勒现象学的观点，倘若事物的本质只是在爱的意向性直观体验中显现出自身，而人的本质只是在以爱为动力的精神性体验中呈现出来，那么，作为主体间性最核心的问题——他者的存在及内涵——便也只能在以爱为基础的同情性经验中被给予。

在关于人的本质的问题上，舍勒就已经表达了这样的意思，即认为，任何个体性位格必然在本质上隶属于共同体位格，隶属于总体性的存在，个体位格所内在的本质特性因此与总体位格有着必然的联系，或者更进一步地说，个体之为个体，缘于其所从属之总体的成就与实现。不过显然，总体之成为总体，也有赖于其成员的共同努力，这也等于说，作为总体之一员的个体在另一个层面上还构建着总体。从表面上来看，这里似乎存在一个逻辑上的矛盾：仿佛应当在个体位格与总体位格之间区分哪一方更为优先、更可成为另一方的前提，但事实上，这个问题最终化解在了人与人之间、位格与位格之间的同情性经验当中，换言之，不论是个体，还是总体，最终都是在一定的经验、行为中得以实现的，而这种经验、行为便是源自于爱、并现实具体化为与他者共在的经验、行为，也即同情性经验。这样看来，所有的问题——包括对他者存在及内涵的求证与阐述——都最后要在经验、行为中获得解释。

通过以上种种所述，可以看出，舍勒关于现象学经验的观点及其现象学立场的确立，将是这篇论文的起点，舍勒在其代表作之一——《同情的本质及其形式》中也正是基于该立场进行探讨的。而且，在对待相同的问题时，虽然胡塞尔与舍勒虽然都以现象学的立场为出发点，但二者之间却仍然存在着很大的差异，这一点从一开始对现象学的态度以及对现象学经验本身的理解上就已表现出来了。

第1章　直观——从康德到舍勒

　　舍勒的现象学主要围绕现象学经验，即现象学直观展开。现象学直观不仅为舍勒解读"人"是什么提供了方法论的依据，还为他提供了批驳关于"人"的种种误识的工具。在舍勒看来，近现代以来将"人"界定为认知主体，是这种种误识当中最为首要的。

　　在近现代绝大多数涉及直观的认识论里，一般地，都会将直观看作是直接相关于事物的一种认识形式。但是，在这其中，却泾渭分明地包含两种对此形式的态度：其一为，直观虽然直接关乎事物本身，但却并不达于事物本身；其二为，直观可以直接达到事物本身，达到事物的本质。在这两种态度中，人所处的位置非常不同，甚至还直接影响到对人本身的定义。对于前者，人，一方面，作为被认知的对象，成为不可得知其本质的东西，而另一方面，却又作为认知的主体，成为横亘于关于事物的知识与事物本身之间、不可跨越的中间环节，因此，在这种态度下的"人"，往往只是被"规定"为了某种形式的主体，可其内容却是空虚的。而在后者那里，由于直观可以直接达于（包括人在内的一切）事物本身，因此，人不仅是可知的，而且，也不会再充当介于认知与被认知者之间的认知主体。这样，对直观态度的转变，同时也可以看作是，对于人的认知态度的转变，也因此是关于人的本质界定的转变。

1.1　康德的直观

1.1.1　感性直观

（一）直观之为感性直观

康德指出："知识不问其以何种式样何种方法与对象相关，其所由以直接与对象相关，及一切思维所由以得其质料者，为直观"，① 为知识提供其中所有直接与对象相关部分的、为思维提供思维对象的，是直观，这是直观之为直观就其所然者而言的一个方面。"'由吾人为对象所激动之形相以接受表象'之能力（感受性），名为感性。对象由感性授与吾人，仅有此感性使吾人产生直观；……"②，直观之为直观的第二个方面，则在于直观之所以然者：直观就客观而言来自对象的刺激，就主观而言来自感性接受力。因而，直观，说白了，从前面的两句话来看，就是感性直观。

在此以及其后的一些问题里，都将会说明，康德所意味的直观，一方面是与对象直接相关，另一方面，就直观所具有的可能性含义而言，人类有且只有感性直观，除此而外，别无其他方法能使对象被给予。

（二）后天与先天——现象界与本体界

康德认为，知识所以可能者，只在于人们运用先天的形式及范畴对感性质料进行了统摄。这一点即便是对于感性直观本身也不例外，因为直观中虽然有事物自身的被给予，但在这种被给予过程里，能被人们所接受的却只能是已被先天形式（时间与空间）统摄了的，而且，也只有在此意义下的感性直观对象才可称得上是感性知识。此外，感性知识本身又作为知性进行进一步思维所必需的感

---

① ［德］康德. 纯粹理性批判 ［M］. 蓝公武，译. 北京：商务印书馆，2002：49.
② 康德. 纯粹理性批判 ［M］. 蓝公武，译. 北京：商务印书馆，2002：49.

性材料，在经过先验范畴的整理和加工之后，形成了知性知识。感性知识与知性知识共同包含在现象界的范畴中。

由此可见，现象界中最原始的感性材料最终都是主体在受到对象的刺激后才形成的。就此而言，所有为先天形式及范畴所统摄的质料都是后天的，而质料之被规定、被整理的方式不但不能重又是后天性的质料，还必然先天地存在于心中，以用来整理现象之杂多。因此，对康德而言，后天与先天分属不同的领域，针对不同的事物：后天的，顾名思义，是后天经验所得，为对象所刺激而被接受的感性质料都是后天的；先天是指先于经验的，统摄感觉表象的先天形式与整理感性质料的先验范畴都是先天的，同属认识论上的认知方式，这两种形式都为主体内心先于经验对象而拥有，并必然地要规定经验对象以形成知识。因而知识的来源有两个方面，其一为后天质料，其二为先天形式及先验范畴。

但需要指出的是，康德所谓的后天质料，并不是对象事物本身。康德的知识论，明确地将世界分为本体界与现象界。感性直观虽然是关于对象的直接的知识来源，可直观的给予依然要经由主体感官的中介，由此而得到的是对象刺激主体感官、为主体感性直观形式所接受了的表象事物，所有的表象事物都属于现象界，感性知识尚且如此，知性知识便更不必说了，因此，说到最后，现象只能是事物自身对主体的呈现。其中所谓的事物自身即本体，构成与现象界相对立的本体界。关于本体界，康德认为，人们除了通过感官刺激而推知必然存在某种可刺激感官的事物之外，便一无所知了，换言之，人们不可能对这个事物本身是什么有所知识。由此可见，一切认知的起点只存在于现象界，而非关于事物自身的本体界。显然，对康德来说，直观所直观者总不是事物本身，而且总已是事物对主体所显现的什么，即使直观被定义为与对象直接相关，也不能达到对象本身。

（三）外感与内感——心外与心内

在《纯粹理性批判》的"先验感性论"当中，康德将感性直观区分为外感和内感①，外感与内感所表现的事物以"自我"为界线又有外与内的区别。他指出："吾人由外感（心之一种性质），表现对象为在吾人以外之事物，且一切对象绝无例外，皆在空间中表现。"② 这里所谓"对象"并不是对象本身，而是指对象的形状、大小及所有这些样态的相互关联，而对于这些样态的感性表象予以规定的先天形式是"空间"。对于内感，康德说得更为详尽："至'心所由以直观其自身或其内部状态'之内感，则不能产生'所视为对象之心自身'之直观；但内感中尚有一种一定的方式（即时间），……凡属于心之内部规定之一切事物，皆在时间关系中表现。"③ 同样，由内感所表现的是心之状态，而非作为对象本身的心自身，内感的先天形式是"时间"。

内感与外感同为感性直观，亦同属心的某种性质，虽如此，内感与外感的区别却显而易见，内感与外感分别以不同的方式表现不同的事物：内感以时间表现心灵内部状态，而外感以空间表现心灵之外的事物。不论心灵内部状态，还是心灵以外的事物，都是感性直观所表象的对象；可是，内感与外感分别用以规定感性材料的时间形式与空间形式，彼此不能交互运用，因此，内感对象与外感对象虽同属感觉质料，但却是本身彼此互不相干的杂多表象，并被认为是根本不同的两种事物。

内感对象是心灵刺激内感官受时间形式的规定而显现的现象，属于心灵内部的事物；外感对象是物体刺激外感官由空间形式规定所得的现象，属于心灵以外的事物。关于这两者的区分，可以看作是，自笛卡尔身心二分之后的又一种对心与物的划分。笛卡尔所谓

---

① 据舍勒的研究，康德把内感知（innere Wahrnehmung）与内在感（inneren Sinn）相混淆（舍勒选集（上）[M]．上海：三联书店，1999：151），那么相类似地，外感知与外在感康德这里也应该具有相同的意思。另外，关于"内在感"，在康德与舍勒那里因不同侧重会有不同译法，如另有被译为"内感官"者，详见下文。

② 康德．纯粹理性批判 [M]．蓝公武，译．北京：商务印书馆，2002：51．

③ 康德．纯粹理性批判 [M]．蓝公武，译．北京：商务印书馆，2002：51．

的心与身，是实体意义下的心与身，这一点为康德所反对，因在康德看来，人的认知能力无法获得关于心、物自身的任何知识，心与身、心与物究竟是否为实体，自然也就不得而知了。因而在康德这里，以心与物自身的特性来区分这两者的可能性被取消了，取而代之的是，以感知活动的质性特征来区别这两者。

正因为心内之物自身与心外之物自身被认为是人所不知的，而所知者又被认为只是心内之物与心外之物对主体所呈现的样态，所以这种区分才显得格外得重要：这两者呈现得如何就是如何的。而若将知识理解为质料受先天形式、先验范畴规定所得者，那么，心内之物与心外之物还可在与之相等同的意义下被看作是，被主体规定的什么事物。于是，事物本身是什么变得不重要了，重要的是它被规定为了什么。

1.1.2 智性直观

（一）康德“智性直观”的三层含义

康德之前、集中出现于近代唯理论哲学里的直观，主要就是“智性直观”①。智性直观所直观的，是任何只从理智的直接的清楚明晰性、而无须再借助于三段论推理就可以得到关于事物本身的真确结论。

近代唯理论者在论及智性直观时，经常引用数学和几何学上的公理作例子，唯理论的典型代表斯宾诺莎的《伦理学》甚至在写法上都模仿了几何学的论证书写方式，莱布尼茨则“致力于把逻辑学也数学化，以体现其直观确定性”②。在他们看来，数学、几何学公理属于智性直观知识，像“三角形的任两边之和大于第三边”这

---

① “智性”，也有译作“知性”“悟性”“理智”，这几个均为德文 Verstand 的中译名。

② 邓晓芒．康德“智性直观”探微［A］//康德哲学诸问题．北京：三联书店，2006：59.

样的命题，任何一个有理智的人无须论证也会明白。

但康德对这种智性直观的理解作了变革，将数学、几何学从知性知识中分离出来，划归感性直观知识，数学与几何学之所以可能是因为纯粹的直观，即感性直观中的先天形式：空间形式使几何学命题得以可能，时间形式使数学命题得以可能；同时，知性、理智、智性只能作为一种认知能力，知性不但不能达于事物本身，甚至不能提供关于对象的任何信息。感性直观能力与知性思维能力，是人类所具有的两种认知能力。感性直观被动地接受质料，知性自发地、主动地对质料进行思维。在康德看来，与对象直接相关的是直观，而直观在人类只能是感性的，知性只能思维感性对象，却不能提供对象。这样看来，知性与直观的分离使任何一种智性直观都不再可能，但是康德在其著作《纯粹理性批判》中却屡次提到智性直观。

总的来讲，在康德那里，智性直观是被当作某种设想提出来的。人类除了上述的两种认知能力以外，别无其他，但就人类所面临的问题而言，却并不是这两种认知能力能全部涵盖的，因而智性直观的提出有其原因所在。而且诚如康德曾强调过的，虽然人类未必具有智性直观，但或者为其他存在者所有。

对于智性直观的含义，依据《纯粹理性批判》中的讲述，可以分为三个层次①。

第一，智性直观之为关于对象自身的直观。前面已经讲到，人类所唯一具有的直观形式就是感性直观，感性直观所直观者虽然直接关系对象（外感所及之自我以外的事物以及内感所及之自我），但却并不能达到对象本身。关于对象的内在本质，人们不拥有相关

---

① 邓晓芒. 康德"智性直观"探微 [A]//康德哲学诸问题. 北京：三联书店，2006：61 – 59；倪梁康. 康德"智性直观"概念的基本含义 [EB/OL]. http：//hi. baidu. com/wxiaosong/blog/item/13890c7b0f7570f40ad187fd. html，2004 – 07 – 07/2007 – 02 – 20.

的任何知识。虽然如此，康德却并不否认对象本身的存在。在他看来，外在事物刺激人们的感官形成知识，或者说提供受主观方式规定了的质料，这一事实就足以证明，外在事物是存在的。至于内感所表象的自我，康德有言："盖在我内部中所见其规定我之存在之一切根据，皆为表象，若以表象言，则其自身自必要求一与表象有别之持久者……"，这里所谓之"持久者"即"我之存在"①。对这些存在着的事物，康德认为，只有智性直观可以获得，即"由其自身能与吾人以对象存在之直观"②，或称之为"本源直观"，对应于凭借主观方式接受感觉质料达于现象界之感性直观、非本源直观。以这种智性直观，我们能够超越现象界，获得感性直观所不能触及之"对象存在"本身。相对于感性直观形式——"内外直观之主观的方式"③——所规定的事物：心之外的事物以及心内部的样态，智性直观所直观的"对象存在"应该包含心灵以外的物自体之内在本质及心灵的自身本质。

可是，对这种智性直观，"吾人之所能判断者，仅属于第一存在者所有"④，于人类而言，则是不可能的。

第二，智性直观之为对自身意识之直观。这里涉及康德对"心灵"的理解。康德所谓之心灵，也即自我。通过对笛卡尔"我思故我在"的批判，康德得出结论：我们关于我思的反身意识所得到的，不是我作为实体的存在，而是我作为"我思"的思维自身的存在。因而，在康德那里，心灵意指一种思维活动，亦被称为自身意识、我思，它是一切思维活动的基础。在《纯粹理性批判》中，康德对笛卡尔"我思故我在"的批判出现得较晚，而在此之前，康德已经将心灵与活动作等同理解（如下段中的第一句引文），即或初

---

① 康德. 纯粹理性批判 [M]. 蓝公武，译. 北京：商务印书馆，2002：25 - 26 及页下注.

② 康德. 纯粹理性批判 [M]. 蓝公武，译. 北京：商务印书馆，2002：71.

③ 康德. 纯粹理性批判 [M]. 蓝公武，译. 北京：商务印书馆，2002：71.

④ 康德. 纯粹理性批判 [M]. 蓝公武，译. 北京：商务印书馆，2002：71.

始对这种理解并不十分明确。说明了这一点，下面的就不难理解了。

在前面讲过，感性直观中有对心之内部的直观，即内感、内直观。但因内感终属感性直观范畴，故而它对心灵的直观"非自我活动直接所表现之自身，而为由其自身所激动之状，即为其所显现之状，而非其如实之状"①。如果内的直观所直观到的是，自身意识之为主动地而非受动且不依据主观形式地给予对象的活动，那么这种内的直观就是智性直观。康德说："自身意识（统觉）乃'我'之单纯表象，凡主观中所有一切杂多，如由自我活动所授与，则此内的直观当为智性的。"② 这也就是说，自身意识是自我的简单表象（关于自我的表象通过内直观获得），而且，若仅凭此自身意识就能将一切杂多通过活动自动被给予，这种内的直观就是智性直观。

这时，内直观已经超出了感性直观的范畴，否则向自我内部的感性直观将如前所言，不是根据它自己本身之所是地认识它。内直观对自身意识的这种自发地将一切杂多对象化的活动的直观，即康德所谓智性直观的第二层意思。

第三，智性直观的这层含义与它的第二层意思相关。在其第二层含义里讲到，智性直观是对自身意识活动的直观，而被直观到的自身意识活动，又是可以主动地为自己提供对象的活动；第三层意义下的智性直观，则是直接、主动地提供一切之杂多对象的活动，简言之，就是第二层含义的智性直观所直观的对象即第三层意义的智性直观。这样说来似乎又有些与智性直观的第一层意义相同，其实不然。第一层意义下的智性直观提供的对象是本然世界、本体，

---

① 康德. 纯粹理性批判［M］. 蓝公武，译. 北京：商务印书馆，2002：69.

② 康德. 纯粹理性批判［M］. 蓝公武，译. 北京：商务印书馆，2002：69. 原文有改动，笔者根据倪梁康先生对"自我意识"与"自身意识"的区分（倪梁康. 自识与反思［M］. 北京：商务印书馆，2002：171.），在此将蓝本译文的"自我意识"改为"自身意识"。

而这里的智性直观所直观到的是，自我活动（也即作为一切思维之基础的自身意识）为自己主动提供的活动对象。这是一种创造性的活动，凭借此活动，能够为思维提供较感性表象更为确切的思维对象。

前面说过，感性直观所直观之杂多，为思维提供思维对象，思维通过先验范畴将这许多的感性质料整理为知识。然而，感性杂多本身固然本就是可被整理之对象，但"即无对象时，此等表象之一，亦能依据一定规律使心转移至其他表象"①，此规律即"再生的想象力"。如土地时而果实遍野，时而为冰雪覆盖，然可将这些表象归为土地（作为对象的土地）者，即依据这种再生的想象力。感性直观虽然提供了表象，但我们"必须假定一种想象力之纯粹先验的综合为'使一切经验所以可能'之条件。"② 由此看来，这种再生的想象力提供的，是一个不被感性直观当下表象的对象，因之，它被康德纳入到"智性直观"的范畴中；同时它也意味着一种将知性概念与感性直观联系在一起的综合能力。

这种对自我活动、对自身意识之作为智性直观的理解，与康德于《纯粹理性批判》中对意识活动的一般性理解（对此后文将予以说明）有所差别，主要体现在，作为智性直观的自我活动可以主动地直观到活动的对象，这种活动既不同于被动地接受对象的感性直观，也不同于主动地以先验范畴整理感性质料的知性思维，而兼有感性直观之直观与知性思维的主动性。在此，活动与对象之间不再简单地是规定与被规定、整理与被整理式的机械关系；而是一种创造性的综合，而且在感性表象不具备某种意义相关性的情况下，以自身意识活动主动地综合起众多表象，形成新的对象，构建起在表象与对象之间、在意识活动与活动对象之间的关联。

但需要强调的是，这里所谓众表象与表象所归属之对象间、意

---

① 康德. 纯粹理性批判［M］. 蓝公武，译. 北京：商务印书馆，2002：125.
② 康德. 纯粹理性批判［M］. 蓝公武，译. 北京：商务印书馆，2002：126.

识活动与意识对象间的关联并不是其自身所有，而是再生的想象力的综合能力使然。

（二）康德"智性直观"的非现实性

智性直观三个层次的含义，其实是层层包含的。第一层次中的直观对象涉及物自体与心灵，而第二层次的出发点则正是康德之将心灵理解为自身意识活动，到了第三层次，自身意识活动的对象又成为关注的焦点。从对这几个层次含义的析解可以看出，智性直观虽然不是人类所具有的，在人的认识活动中也不可能真的实现，但无疑，每一层次的含义都包含了康德认识论中所存在的某种疑惑以及为解决这些疑惑所提供的种种设想，蕴含了康德对认识活动自身的自我实现、即认识活动中认识自身与认识对象合一的设想。

从这里似乎可以预感到，倘若这种智性直观的设想最终得以实现，那么显然，认识活动就完全可以在不借助于任何形式之主体的情况下达到对象"本身"。在后面关于胡塞尔与舍勒的论述当中将会看到，康德提出的这种种设想于现象学的实现程度，恰恰决定了他们各自理论的最终走向，而其中最直接地涉及的问题便是：观念性的抽象活动是否能够直接提供对象"本身"，是否在此之外还存在着其他（可作为事实本身的）——例如感性质料式的——认知对象，以及认识活动是否需要活动的发动者，等等，诸如此类的问题。

可是，对于康德来讲，这些设想终归只是设想，因而它的提出也恰恰说明了人所不能够达到的是什么，这是智性直观在康德认识论里的全部意义。

康德在《纯粹理性批判》的开始部分里，一再地向人们提示人类理性在此以前的各种僭越行为，以此告知人们，欲获得精准的知识，必先对理性认知能力有所意识，而这种意识首先是在对可知与不可知对象的划分过程中被廓清的。智性直观的第一层意思就是针对此问题。康德认为，人所能认识的不是事物本身，虽然我们可以推知事物是存在着的，但对其本质本身却非人力所能及。这个不为人所知之"事物"，包括由外在的物自体到人本身在内的一切事物存在。由此，认知能力所及之范围被限定于现象界。

现象，如前所述，是一切认识活动的起点。但即使是这个起点，也已经被主体的感官所中介、为主体先天所有的认知形式所规定。换句话说，从认识之初，人的认知能力就在发挥作用。而恰恰是通过对人意识能力发挥作用之过程（即意识活动本身）的认识，才使得对理性认知能力有了最终的、清晰的界定。智性直观的后两个意思与此相关。

对于意识活动本身，从智性直观含义的分析来看，可以理解为自身意识到自身可提供对象的活动，以及意识为自身提供对象的活动。这两层意思都被康德归于智性直观当中。可是，康德一早就说过，智性直观为人类所不具有。因而意识活动的这两层意思不具备任何实现意义。那么意识活动究竟意味着什么呢？康德从对与智性直观含义相关的一个重要命题"我思故我在"的批判，并最终通过内直观行为，解答了这一问题。

1.1.3 "我思故我在"——"自我"之意味

笛卡尔认为，无人不知理智中有一种清楚性是指一种认识的清楚性或明了性，他的"我思故我在"就是这样的实例。笛卡尔经思维的普遍怀疑之后，唯一剩下来的只有"我思"：我可以怀疑其他事物，但我不能怀疑我在怀疑本身，反过来，任何对我在怀疑的怀疑都是自相矛盾的。由此出发，笛卡尔进而得出怀疑的主体之为实体的结论，即我在怀疑不能缺失怀疑的发动者、怀疑的主体。笛卡尔从"我思"未经推论，直接得出了实体性"我"的存在的结论。这在康德那里却被视为一种僭越。

据康德的分析，笛卡尔论辩中"我不能怀疑我在怀疑"，第一个"我"是反思的我（反思之主体，进行思维的主体存在，"与视为能在直观中授与之对象相关"①），而第二个我才是"我思"的我（思维的存在，"仅在思维的存在之以其自身为主体⋯⋯"②）；前者是思维的主体，而后者只是纯粹思维本身。康德认为，笛卡尔就是混淆了这两者，对"我思"做了错误的判断，将其当成主体的我，赋予它以实体存在特性，但事实上，我思并不意味实体我的存在。

我在怀疑、我在思维，是发生在自我内部的意识行为；而我对我在怀疑、我在思维的内意识行为进行思维、进行怀疑，又是心灵这一内感官受刺激而反观自身的内感行为，即通过"我思"这一由心灵感官所进行的内在行为，引发对心灵的直观。通过这种行为，所能直观到的只是作为思维功能的我存在着。这样一来，"我思"指的便是，思维着的我在思维着，换言之，我的思维存在着。由"我思"所直观到的只能是思维自身，并无关涉于对象。

与笛卡尔对此一命题的论证过程不同，以上段中的直观结论为前提，说"我思故我在"，乍看起来，有些同义反复的味道，但其论证过程是有效的，因"我思故我在"借助于反思而成立，反思者与被反思者同一而不同义，结论是对前提的确证。因此，对康德来讲，这是自我内部意识自身的反思性的明证，也是意识对自身的反向意识，故而为"自身意识"。自身意识不论其意识内容如何，可以保持自我同一，使杂多表象被统一思维为"我的"，而同时，康德又通过形而上学的演绎和先验的演绎，赋予"我思"以先天形式及先验范畴，使之成为思维活动的前提条件。

可是，如果从后来的现象学立场来看，即使是我在意识这样一个事实，也是被给予的，换句话说，意识到我在意识本身也是需要有前提，有背景的，而这个前提和背景却恰恰是康德无法达到的。这且是后话。

笛卡尔作为唯理论的创始人，智性直观在他那里，应该是可以

---

① 康德. 纯粹理性批判［M］. 蓝公武，译. 北京：商务印书馆，2002：279 页下注.
② 康德. 纯粹理性批判［M］. 蓝公武，译. 北京：商务印书馆，2002：279.

达到对象本身的。但在康德看来，这却是不可能的。通过对笛卡尔"我思故我在"的批判，康德表现了他对智性直观（直观到对象存在本身）可能性的质疑与否定；同时，也是在感性直观的基础上，这一命题在事实上给出了"自我"及"我思"的含义：人的认知能力所能达到对"我"的认识，仅限于"我思"。同时，结合以上所述，其他一切知性知识都必须以这个"我"为先决条件，受"我"规定，换言之，在康德所理解的意识活动中，人是横亘于认识活动及认识对象之间无法跨越的因素。

1.2 胡塞尔的现象学直观

从康德关于感性直观与智性直观的理解里，人们对其中直观可知与不可知的问题有了一个大致的认识。对康德来讲，所谓知识者，仅仅意味着作为"我思"的自我运用先天形式与先验范畴规定、整理感性质料的结果，即使是与事物直接相关的直观知识，也难免要经受主体的规定，而规定的法则却先天地存在于人心之中，不曾也无须被直观到。

可是，人们不禁会问，这些蕴含于心灵当中的先天形式与先验范畴的自明性是如何可能、如何保证的？为什么偏偏是这样的一些形式、范畴可以作为知识的规定法则？如果这些问题不能得到回答，那么康德所谓的先天形式与先验范畴，就只能在心理学及人类学的意义下被理解。而且，除了与这些形式范畴相关的数学知识与自然科学知识以外，人们是否对于其他的任何事物、包括自我（除了作为运思的思维自我），都将一无所知？关于这些追问，康德哲学无法给出更多的解答。

对比之下，与康德哲学有某种渊源关系的胡塞尔现象学，基于对直观的不同理解及运用，对直观所予物，进行了较之康德更为广阔的拓展。一些在康德智性直观里提出设想却未给出实质性解决的问题，在胡塞尔那里得到了实现。

1.2.1　感知

胡塞尔现象学意义下的直观，通俗地讲，就是明见地获得意义充实，即一个表达所包含的意义可以通过实在之物或者观念之物当下呈现出来，达到（表达所包含的）意义与（被指向的）对象的同一。所谓明见地，是指事情、事态作为事情本身、事态本身在场并以此为据。直观的事物本身与自然意义下的实体性事物本身，不是同一概念。

胡塞尔认为，意识行为可区分为客体化行为与非客体化行为两类，客体化行为直接显现客体，而非客体化行为须以客体化行为为基础，才能与客体发生间接关系。最终直接提供对象的客体化行为是直观。直观可分为感知与想象。

（一）感知之为感性直观

感知行为的主要特征表现为：（1）感知是原本意识；（2）感知是存在意识。通过作为感性直观的感知，感性材料当下切身地被显现，这种切身性是感知的本质，在此意义上，感知行为被称为原本的行为，其他一切非原本的行为，都是在最广泛意义上的对感知对象的再造。[①] 至于感知之为存在信仰行为，胡塞尔在《逻辑研究》中如是坚持，而在后来的著述中则对此多有他虑。[②] 所谓存在信仰行为，即指感知行为必然设定被感知者的存在；此所谓信仰者，也纯为设定而言。一个无存在信仰的感知，只是一种感知表象。与存在信仰相关的是感知行为的当下存在，"对象在感知中显现为是'生动地'、可以说是在本己个人中当下地存在"[③]。

---

① 倪梁康. 现象学及其效应 [M]. 北京：三联书店，1994：56 - 57.
② 倪梁康. 现象学及其效应 [M]. 北京：三联书店，1994：56 - 61.
③ 胡塞尔. 逻辑研究（第二卷第一部分）[M]. 倪梁康，译. 上海：上海译文出版社，2006：518.

不论感知如何全面，都无法穷尽事物的全部，对此，胡塞尔提出了"共现"。关于"共现"，以后还会涉及，在此需要指出的是，胡塞尔通过共现，使得人们在对象只部分地被（切身）感知到的情况下，仍可声言显现出了它的整体，而原先所谓的"原本"感知，到这里，也被改为了"本原"感知；胡塞尔认为，本原的虽然不一定是原本的——或者说不一定是切身地感知到的，但却仍在感知范围内，并因此也仍具有客观意义。胡塞尔关于本原与原本的一番辩解表明，他关于感知的直观性理解带有明显的（传统意义上的）经验主义残留。①

（二）内感知与外感知

胡塞尔认为，之前关于内感知与外感知以及内感事物与外感事物的划分，或者基于认识论的兴趣，认为外感知是虚假的，而内感知是明见的，或者基于（经验）心理学的兴趣，以内感知、外感知的区别来划分关于物体现象与精神现象之间的界限。② 可实际上这些观点都是不可取的。

在胡塞尔看来，内感知与外感知一样，本质上都是感性感知，相应地，内感知与外感知的对象同为感性直观的对象。外感知的对象是空间中的事物，内感知的对象是时间中的自我（包括过去、当下与未来的自我体验），此外，还包括了内、外感知的、对他者的"陌生感知"。后面（见第三章）所讲到的关于先验自我的自身构造，就主要指这种对自我的躯体与心灵的感知。

关于外感知，就其属于感性直观范畴而言，其依循现象学直观明见性规则，强调直观对象的被给予性，因而外感知并非一定是虚假的；对于内感知，胡塞尔认为，"只要人们在自然的意义上来理

---

① 倪梁康. 自识与反思［M］. 北京：商务印书馆，2002：368－386.
② 胡塞尔. 逻辑研究（第二卷第二部分）［M］. 倪梁康，译. 上海：上海译文出版社，2006：244－245.

解内感知和外感知这两个术语，它们就具有完全相同的认识论性质"①，这里所谓"自然的意义"，即依据人们通常的感受进行判断，若如此，任何一个内感知，都可以随感知者的不同以及随感知经验的不同而有所不同，因此，任何一个与自我相关的内感知都不是明见的。同时，内感知与外感知可以一同进行，比如我们说"恐惧扼住了我的脖子"，以及我感觉到："风在摇撼着树"，这里一方面内感知表现于外感知之上，另一方面外感知渗入到内感知之中，感知对象虽然是不同的现象事物，但二者都是通过感性的方式指向共同的意义。因而，内感知与外感知并不是决然对立的，它们在认识事物、表达意义的方式上，同属感性直观范畴。

在此不妨回想一下，康德在对待内感知时，一方面强调，内外感知都是被动地接受心灵刺激形成表象的行为；另一方面又从内感知行为的自身反向意识中获得自明性的"我思"，并冠以统一杂多表象的"统觉"，因此，康德的内感知较之于外感知具有明显的优势。可对于胡塞尔来说，同属感性直观范畴的内外感知，一方面可以主动地摄取对象，而其杂多表象之间的关联亦可通过范畴直观被给予，因而就感知范围而言，不再需要一个统摄其杂多表象的形式主体；另一方面，在取消了内感知的明见性的情况下，也不再存在一方对另一方的绝对优势。

胡塞尔也讲统觉，当然此统觉非彼康德之统觉。胡塞尔所谓之统觉，意指显现，即当下显现对象之显现。外感知和内感知都是统觉，而统觉内容，也即显现的内容或曰现象，就是内、外感知所感知到的事物。至于后来，胡塞尔重新恢复康德意义之"统觉"则是另外一回事了。

（三）范畴直观

范畴直观涉及"范畴的客观的形式，或者说，在客体化行为领

---

① 胡塞尔. 逻辑研究（第二卷第二部分）[M]. 倪梁康，译. 上海：上海译文出版社，2006：251.

域中的'综合'功能。"因此，范畴直观的对象被认为是知性的，而非感性的。如"这张白纸"与"这张纸是白的"，前一个表达是对专有名称的表达，即一张白的纸，而后一个表达则相关于两个名称间的联系，即纸"是"白的。其他的表达还有，"这个""一个""几个""许多""少数""两个""是""不""哪一个""和""或"，等等，这样的形式词。这些形式词都不是对一个个体的个别性的表达，而是"以一种总体的方式表达着观念统一之间的联系"①，即，关于范畴形式的表达。

直观，"只是赋予含义以清晰性的充盈"②，范畴直观因而也将必须在直观行为中充实上段中所提及的形式性表达，只是与狭义的感知之直接把握的个体的实在对象不同，范畴直观是在广义的感知意义上对一种普遍的实事状态的把握，因而范畴直观的对象虽是非实在的、观念的对象，但仍属感知的范畴；范畴直观以感知提供的感性材料为基础，是对感性直观材料之间的关联的感知。这与上面所言——直观分为感知与想象的说法——不冲突。

结合上面两段内容，可以认为，范畴直观是为范畴形式提供充实的感知行为。同时，范畴直观的对象虽是范畴形式，但由于这些范畴形式总是关于感性材料（狭义的感知所直观到的对象）之间的关联，因而范畴直观须是被奠基的行为，是在感性材料被给予的基础上进行的，对象与对象间的联系在范畴直观中一同出现。此外，就范畴直观之属于感知直观而言，范畴直观的对象——范畴形式——与感知直观的对象一样，都是自身给予地显现出来，具有明见性。

（四）康德与胡塞尔的感性直观比较

与康德的感性直观相比较，胡塞尔的感性直观的确具有了更为

---

① 胡塞尔. 逻辑研究（第二卷第二部分）［M］. 倪梁康，译. 上海：上海译文出版社，2006：143.

② 胡塞尔. 逻辑研究（第二卷第二部分）［M］. 倪梁康，译. 上海：上海译文出版社，2006：144.

广阔的含义，这既表现在直观的能力上，也表现在直观的对象上。

在胡塞尔看来，首先，直观并不就是受动地接受外来事物的刺激、依照主体先天形式形成现象，而是也可以主动地撷取直观对象，与对象本身直接相关；其次，直观不仅意味着感性直观还包括了范畴直观，（在之后的论述里，我们还会看到，直观还可以有本质直观），而且，在胡塞尔这里，范畴直观兼有知性与感性，是这两者的中介；再次，胡塞尔对内感知与外感知的理解与以往不同，内、外感知不再是决然分离的，而是可以在指向相同意义的情况下共同进行。

与直观能力相对应，在直观的对象的理解上，也有所变化：其一，直观对象虽仍是现象，但这个现象不再与本体（本质）相对立，而是在直观中达到统一，这一点在后面关于意向性的阐述中，将会有更加明显的体现；其二，原先被认为是先天地内在于心灵的范畴形式，在此，也可以通过感知被给予，因而，也可以在后天质料的意义下谈论范畴形式，这一点对舍勒关于先天、后天、形式、质料的理解影响很大；其三，虽然内感知与外感知所感知到的事物不同，但却可以以感性直观的方式表达同一个含义，就此而言，二者没有本质性的区别，因而，内感知并不具有较外感知更多的明见优势。另外，胡塞尔关注的对象，在范围上也有所扩展，除外在事物与内在心灵之外，被感知的对象还涉及其他的"自我"。由前可知，通常意义下的内感知，可以在任何人身上于任何时间地点里发生，由此而产生众多的自我的内感知，并推及他者。

通过这些比较分析，可以看出，胡塞尔较之康德所进行的扩展，使原先关于现象与本体、先天与后天、形式与质料以及内在与外在、心与物之间的区分在更新一层的理解当中获得了新的意义：现象与本体在直观中趋于统一；先天－形式与后天－质料这一传统划分模式在此受到质疑，形式与质料的界限也开始淡化；关于内、外感知的重新理解，使人们不再可能以本质对立的眼光来看待这两者，而内感知也不再可能以明见之优势占据主导地位。此举最直接的结果在于，内在与外在、心与物，从此不再是决然对立的，应当说，胡塞尔对感知的理解开辟了重新审视这两种直观、特别是内直观的新方向，这最直接地影响到了舍勒。

虽然如此，我们还是可以提出疑问：直观之为经验性的感知，终究无法穷尽事物本身，如果这样，那么关于完整的事物本身是否最终无法被认识，而且，直观在何种意义上可被称为是关于事物自身的认知活动？实际感知与直观内涵之间的不对等关系，即使通过感知的共现功能也无法弥补，因为且不说共现本身带有某种预设性，即使忽略这一点不论，共现功能的超越性给予，也已经违背了现象学直观原初所与的原则。其实，这一问题与胡塞尔对直观的经验主义式的理解有关。而感性直观所具有的经验性特征，使胡塞尔从早期的描述现象学逐渐转向中后期的先验现象学，① 其中思维意识的构造性特征显得日益重要，因而他在关于感知的观点中，取消内感知的明见优势、并因此而摆脱内意识之主观性的做法，最后还是让位于另一种意识活动——即先验意识——的构造性行为，并因此最终无可避免地陷入主观性；而且，在接下来的论述中可以看到，所有意识对象都是被赋予了意义的，可胡塞尔却将这个意义最终归于先验意识，因此，也可以说，不论是感知直观还是范畴直观，它们的依据都不是对象本身，而是具有先验性的纯粹意识，就此来说，现象学的直观就内涵而言是被打了折扣的。

1.2.2　想象

（一）想象之为感性直观与本质直观

与前面所谓当下的感知行为不同，对象"在想象表象中则'只

---

① 详见第三章相关部分。

是浮现出来'，它'被当下化'，但不是生动地当下。"① 就对象而言，感知内涵是感知性的体现内容，想象内涵则是想象性的体现内容；就行为本身而言，感知内涵被当下呈现出来，想象内涵被当下化地呈现出来，与感知的直接显现相比，想象是一种再现，并以感知为基础。感知材料又可称作"原印象"，原印象于当下显现，却并不曾立刻消失，而是在时间之流中持存，想象则是对持存之物的保留，保留不是对新事物的再造，因而也可以说，想象是在不同时间段上关于原印象的再现。在此，想象与感知虽然有区别，但就其共同显现感性的、个体的对象这一点来说，二者的区别并非本质性的，它们都属于感性直观。不过，关于对想象的理解和界定，胡塞尔并没有停留于此。

在胡塞尔后来的一些著作中，想象被赋予了本质直观的内涵，具体地说就是"想象的变更"。② 胡塞尔认为，对个体事物的感知直观不足以达到事物的本质，而为了实现本质直观，仅凭一个个体事物的直观又是不够的；因而，在他看来，获取本质的途径——想象的变更便是，在对多个个体事物的感知直观基础上，借助于想象，不断地以变更的形式摆脱事实之物以获得观念性的本质的过程。其中，最为典型的就是胡塞尔常会举到的"红"的例子：感知所感知的——比如——一张红纸、一堵红墙，等等，在此基础上，我们还可以进行任意的想象的变更，但这背后都围绕着一个"红"，因而也就是在这个不断变更的过程中，从众多的可感知之物中便获得了一个常项，它同时也就是观念性的一般之物，即红的艾多斯（Eidos/Essence）。

（二）本质直观

有对个别事物的感性直观，也有对一般的、观念性事物的本质

---

① 胡塞尔. 逻辑研究（第二卷第一部分）［M］. 倪梁康，译. 上海：上海译文出版社，2006：518.

② 倪梁康. 现象学及其效应［M］. 北京：三联书店，1994：78.

直观。在早期著作里，胡塞尔将本质直观称为"观念直观的抽象"，本质即通过本质直观从个别事物或众多个别事物的集合中抽取出来的观念性的一般之物。本质具有观念实在性，但无关涉于现实性的存在设定，对本质的直观以对个别事物的直观为基础，而本质又独立于并超越于个别事物。胡塞尔坚持认为，本质不能与个别事物相交，只能是一般之物，因而也不存在个别事物的本质，虽然他自己也迷惑于这样的结论，因为个别事物显然可以具有自己区别于他物的本质特征，——除非连带这个个别事物的质性特征也一同被当作感性材料。

这里可以看到，胡塞尔对待个别事物的某些态度。在他看来，个别事物与本质相分离，各自独立存在，虽然个别事物同样是经过直观被给予的东西，但它不具有一般性质，仅仅是经验性的、也因而是私人性的，这与前面关于他在感性直观上保留着经验主义痕迹直接相关；而且，也正因此，这种带有经验相对性的个别事物，在胡塞尔现象学中才成为不确切的、并需要被先验之物所统摄的材料。由此，胡塞尔现象学走向主体性立场。其实这种主体性的立场也是胡塞尔本人的立场，他所追求的是类似于数学公理、逻辑定律似的、具有确证性的本质，因而，他绝对不能容忍将个体事物的本质取代或者混淆经过严格的现象学还原后得到的纯粹本质。可事实上，现实界中的具体事物同样具有其不可还原的本质，也因而产生众多事物间的质性差异，这并不妨碍纯粹本质本身，相反，以纯粹本质取代具体本质的做法，反倒将事实真相给湮没了。对事物是这样，对人亦复如此。

由于本质直观所直观到的是观念性的事物，对本质直观之为"观念直观的抽象"（从个别事物中抽取出一般之物）的界定——或者是后来的相关界定①——也带有明显的经验的心理学色彩，所

---

① 倪梁康. 现象学及其效应 [M]. 北京：三联书店，1994：75-80.

以，为了避免人们将本质直观理解为一种经验性的心理活动，并认为本质只是一种带有经验相对性的事实，一种现象学的还原成为必要：使一切自然科学的研究立场及方法在现象学中失效。经还原之后，本质直观本身不仅与经验主义心理学毫不相同，而且本质直观到的本质也不再是自然科学意义下的本质。对此，胡塞尔区别了事实与本质，前者关涉各种实在，是在感性直观之个别事物的基础上，以自然科学态度获得的心理事实，属于经验心理学范畴，心理事实因心理活动的主体不同、情境不同，亦会有所不同，因而是相对的；而后者则是纯粹的或先验的现象学意义下的本质，它以对心理事实的现象学还原为前提，摆脱了经验的相对因素。"这种从心理现象向纯粹'本质'的还原，或就判断思想来说，从事实的（'经验的'）一般性向'本质的'一般性的有关还原就是本质的还原。"①

胡塞尔对本质直观的具体操作过程，在其他著述中有不同的说法，② 在此无须赘述。但确定无疑的是，经本质还原之后，本质直观成为纯粹现象学意义下的意识活动，它通过"观念化作用"原初地，甚至是充分地看到纯粹本质，其中的本质也就是接下来将会提到的含义、意义及质料，是蕴含于对象中的实质性内容。

1.2.3 意向性及其结构

对胡塞尔来讲，包括直观在内的一切意识行为总是关于某物的意识，这体现了意识的意向性特征。意向性是意识行为的行为质性与意识行为指向的质料这二者的统一，又称为意向本质。

行为质性是使此一意识活动成其为自身、并区别于其他的意识活动的内在规定性，如使表象成为表象，使意愿成为意愿。行为质

---

① 胡塞尔. 纯粹现象学通论 [M]. 李幼蒸，译. 北京：中国人民大学出版社，2004：3.

② 倪梁康. 现象学及其效应 [M]. 北京：三联书店，1994：75－80.

性需有质料作为其基础，正如同意识活动需有客体作为其对象一般。质料是蕴含于意识行为当中的含义、意义，它为质性提供对象立义的意义，"赋予行为与一个对象的联系，而这种联系是一种得到完善规定的联系，以至于质料不仅确实地规定了整个对象，而且确实地规定了对象被意指的方式。"①

说到质料与对象的联系，也就涉及"充盈"及与这两者相关的"含义意向"与"含义充实"。含义意向即含义指向，是进行赋意的意识活动；意义指向的对象或者说被赋意的对象，是对意义的充盈、充实，是关于意义的体现性表达，也即含义充实。简言之，含义意向与含义充实分别是：蕴含意义于其中的意指行为本身和表现意义于其中的意义相关项。由于含义在意识行为中所具有的基础性地位，因而撇开意识行为的质性不论，与含义直接相关的含义意向和含义充实就可以涵盖意向性这一概念的内涵。

总之，每一个完整的意识行为都须"具有三个组元：质性、质料和代现性内容。"② 代现性内容是现身当下的被意指了的、被赋意了的意识对象。代现性内容根据质料提供的意义而被立义，通过纯粹符号性行为或者纯粹直观性行为或者混合性行为被表现，前者被称为立义质料，后者被称为立义形式，而行为最后展示出来的就是被立义的内容。

从以上关于意向性结构的解释说明中可以得出结论：所谓意识是"关于某物的意识"，不仅仅意味着对客体的指向，而且更多地还意味着，对客体的意指、赋意；其中的"某物"不是任意的某物，而是被赋予了意义的某物。如果说这个某物是形而下的事物，那么意义便可相应地被称为形而上的东西。意指、意义、给予、立

① 胡塞尔．逻辑研究：第二卷第一部分，A400/B426。转引自倪梁康．现象学及其效应［M］．北京：三联书店，1994：41．着重部分为笔者所加。
② 胡塞尔．逻辑研究：第二卷第二部分［M］．倪梁康，译．上海：上海译文出版社，2006：95．

义，这几个概念，都表达了意向性的意指特征。处于意义与对象之间的意向性，一方面通过意指自上而下地起着勾连这二者的作用；另一方面，也可以通过追溯自下而上地寻找到意义及意义的场所。

直观作为一种意识行为，同样包含着意向性结构，只是比起其他的复合行为来，直观中的质料、意义本身与体现意义的对象直接统一。感性直观是关于意识以外的事物的意识活动，意义与对象的统一就是显现出来的现象；与此相比，本质直观是关于本质的意识活动，它作为纯粹的观念性活动、一种纯粹的体验，携带着含义内涵的含义意向所指向的也正是观念性的含义本身。感性直观更侧重于提供体现性内容，而本质直观则直接给予蕴含于体现性内容之中的意义。通过意向性，论述的焦点聚集在了与含义直接相关的本质直观这一纯粹的意识行为。

1.2.4　我思及先验自我

（一）我思

胡塞尔关于"我思"的论证，走了一条与笛卡尔普遍怀疑相似的路子。只是胡塞尔并没有如笛卡尔那样，推论出一个带有实体性的自我。

与前面的论述相衔接，经本质还原后的现在，能够直接对我们显示的东西只是"我为了本质的理由称做'纯粹体验'的东西"[①]；而就可以给予本质这一点来说，可享有引文中"纯粹体验"之名的，也只有本质直观。它一方面具有其纯意识相关物，另一方面则是纯粹意识。这也就是意向性中直接与含义相关的两个方面。

如果继续按照笛卡尔"我思故我在"的思路进行，那么必将会得出以下结论：一切纯粹意识都属于为"自我"所有的体验流，因而纯粹意识也必将是具有其纯粹自我的纯粹意识。但是，现象学的

---

① 胡塞尔. 纯粹现象学通论［M］. 李幼蒸，译. 北京：中国人民大学出版社，2004：45.

明见性要求，判断必须以被给予的事实本身、事态本身为依据，"就直接的、可明证论断的本质特性及其与纯粹意识被共同给予而言，我们将把纯粹自我当做一种现象学材料，而一切超出此界限的与自我有关的理论都应加以排除。"① 也就是说，至此将排除包括自我（非纯粹自我）在内的一切自然现实事物。与此同时，现象学借此得以瞄向这样一种洞见："意识本身具有的固有的存在，在其绝对的固有本质上，未受到现象学排除的影响"②，这意味着，只有纯粹意识（或被称为先验意识）是还原之后的"现象学剩余物"，而先验还原作为方法，其意义只在于借以达到此一洞见。

在这里，先验还原的作用尽管是必要的，却并非首要的。真正向人们揭示纯粹意识，引导人们通向先验领域的还是意向性——只是通过意向性的反向追溯，才发现了纯粹意识。

作为纯粹意识的我思，也是作为思维"行为"的我思。我思的思维行为必然有某种对象显现其中，因而是一种实显性的行为；即使实显性的思维行为变样为非实显性的体验，变样后的体验的对象也与未变样的我思之思维对象相同，只是前者不为心理的目光所指向，而以隐含的方式潜在于意识深处。因而，"我思"之为"行为"，意味着"我对某物有意识"，这种对某物的朝向性，也是"我思"的本质所在。

我思的对某物的"目光"朝向并不是空无所指地朝向，而是携带着含义、意义的朝向，比如，我们会以喜欢的目光朝向某物，以快乐的目光朝向某物。这里所说的"喜欢""快乐"，表达了目光内含某种信息，只是这种内含信息的目光，在朝向性的行为中，才可能意指某物、赋意某物。纯粹意识作为还原后的剩余物，同时也

---

① 胡塞尔. 纯粹现象学通论［M］. 李幼蒸，译. 北京：中国人民大学出版社，2004：90.

② 胡塞尔. 纯粹现象学通论［M］. 李幼蒸，译. 北京：中国人民大学出版社，2004：46.

是这一切含义、意义的最终场所。前面曾说，自我的心灵为感性感知分裂为处于当下、过去、未来时间段上的状态性的意识体验，而恰恰是这个携带着意义的我思行为，使这些被分裂开来的体验状态统一起来：内含意义的行为指向，在其于当下进行的时候，同时也承载了过去的意义内涵、并指向着同样蕴含意义的未来。

我思所指向的客体即意向客体。一方面，意向客体不是任意的客体，而是对意义的充实，是意识的"相关物"，因而客体是关于意义的客体；另一方面，"每一个意向对象中都有十分固定的内容被界定着"①，这里的内容是蕴含于对象中的意义，意义是关于对象的意义。但是，胡塞尔是在以第一个方面为前提的情况下，谈论第二个方面的，也就是说，在胡塞尔那里，意向对象更多地是指一种被赋予了含义的对象，而意向性因此是一种特殊的对象化朝向。换言之，在意指行为中朝向某物，并不意味着意义是这个某物自身的意义或价值，而是"为了对它进行述谓，必须具有它"②（引句中的"它"即"某物"）。在此意义下，胡塞尔认为，一个对象是在一种明确界定的描述中展现出来的，即"对'被意指的对象本身'的描述"，因而，也"避免了一切'主观的'表达"。③ 对他来说，意义的源头在纯粹意识、先验意识当中，意义本身由此也带着先验性，因而按照意义本身——而非按照事物本身——进行的意识行为和对对象的描述，才摆脱了主观心理的任意性。但，因此也可以说，意向对象是被意谓的、通过意义而被构造的对象，意指正

<hr />

① 胡塞尔. 纯粹现象学通论［M］. 李幼蒸，译. 北京：中国人民大学出版社，2004：230.

② 胡塞尔. 纯粹现象学通论［M］. 李幼蒸，译. 北京：中国人民大学出版社，2004：52.

③ 胡塞尔. 纯粹现象学通论［M］. 李幼蒸，译. 北京：中国人民大学出版社，2004：230.

意味着构造①。广而言之，一切实在都是通过"意义给予"而存在的。

当说到"主观性"时，胡塞尔无法绕过的一个问题就是主体间性。

（二）先验自我

就感性直观而言，它作为原初给予性行为以被给予物的直接呈现为前提，事物本身、事态本身自在地显现，其中没有主体与客体的对立。但，感性直观事实上又被理解为一种客体化行为，即主体直接将对象意识为被给予物，这一方面是指感性对象在被意指性意识行为中是被赋意了的、因而是被构造起的对象，另一方面，则是指感性直观行为本身之为原初所与性行为，是在后反思行为中被意识到的。关于前者，前面已有论述，而关于后者，胡塞尔认为，如果没有原印象的被给予，那么对它的意识是不可能的；但关于原印象的给予行为虽是自在地发生，这一切却必须是在反思性意识行为中被发现。从而，直观虽为原初的被给予性行为，但它在被描述、被展现的那一刻，就也已经变异为一种反思的行为，因而连带其中被给予之物也一并成为被反思之物了。这种原意识与后反思的关系同样适用于本质直观：在通过本质直观被给予的意义自身以及被意识到的意义之间同样存在着变异关系。在此意义上，胡塞尔的现象学经验只有在一种作为对象化行为的反思中才得以可能。

不管怎样，反思终究无法等价于事物直接显现于其中的体验流本身，它只能无限地切近于原初意识行为，但终归是"对一个新

---

① 当然这种"构造"绝不同于组合式的构造，后者更多地是指以各种感官表象组合起关于现实中事物的知识，一些理论甚至会将这种知识等同于事物本身，可这些却是任何一个现象学学者所不能认同的。对此可参见 Paul Arthur Schilpp, The Doctrine of 'Illusion' and 'Error' in Scheler's Phenomenology, The Journal of Philosophy, Vol. 24, No. 23. (Nov. 10, 1927), pp. 624 – 633., 另见 Ibana, Rainier R. A., Max Scheler's Analysis of Illusion, Idols, and Ideologies, Philosophy Today, 34：4 (1990：Winter)。

的、未曾是对象的东西的原造"①。前面将我思理解为蕴含意义于其中的赋意行为，就已经是一种构造性行为，而在这里，作为纯粹思维的我思又须在下述意义上来理解：一方面，它在经现象学还原后是一种原初所与性行为，但另一方面，它又已是被反思行为意识到的、相关于原初所予物——意义——的构造性行为。不论在感性直观中，还是在本质直观中，它们都在反思及意向性的双重意义上共同唤醒了主体意识。

由消解主客对立的原初意识行为，变异为对象化的反思性意识行为，必然使纯粹意识走向反思行为的主体——一个个的自我极。胡塞尔在《笛卡尔式的沉思》里认为，这个自我极同时也是具有明见性的先验自我（先验的反思主体），先验自我执行着对客观世界的构造功能。也是在这部著作里，胡塞尔从这个先验自我中先后构造出了本己之自我与陌生之他者，因而他者成为对我而言存在着的事实；可意识具体在每一个人身上又是现实的人的主观意识，于是问题在于，反思的主体，如果与这些行使主观意识行为的个体相等同，那么，它势必会陷入主观唯我论之中。避免唯我论，在胡塞尔现象学中，就意味着由个体走向普遍，从主体走向主体间性。同时，这同一个问题又可以转变为：对于每一个意识个体，如何能够达到纯粹意识、达到绝对的意义本身？以及在意识个体之间，又如何能够达到其他的个体，并达成共识？在胡塞尔看来，这一问题也就是，先验自我由单子式的本己思维主体走向主体间的本己领域，由只容纳了我思主体之要素的思维自我，走向包括自我与他人及其他一切事物的、唯一客观的同一性领域（同一个世界）。这既是胡塞尔提出主体间性问题的主旨，又是解决该问题的思路。

前面讲过，"先验还原"还原掉了经验的、现实的自我。但是，胡塞尔保留了作为"现象学材料"，并在先验还原中施行排除作用

---

① 倪梁康. 自识与反思［M］. 北京：商务印书馆，2002：413.

的"纯粹自我"。对于这个纯粹自我，胡塞尔曾持怀疑态度①，但他到思想的中后期，却坚持认为纯粹自我"是某种本质上必然的东西"②。显然，这个纯粹自我不是来而复去、随处可变的体验性自我，而毋宁说，它含融了一切体验得以进行的体验背景，并存在于每一实显性的我思当中，伴随着我的一切杂多表象，换言之，这个纯粹自我也就是包括一切赋意活动何以可能的含义本质的先验自我。

胡塞尔在后期思想中，意识到有必要为意义本身提供先验的合理性来源及依据，并由此提出生活世界现象学。这一主题与主体间性直接相关。生活世界是一切意义来源的意义、作为前科学的科学，它涵盖了包括他者在内的一切事物，或者说，生活世界将一切认识对象都以先验的形式含纳于自身当中。而这个生活世界被理所当然地归属于一个自我极，即先验自我，它同时也意味着"诸体验形式之大全"③，并依此执行着纯粹意识的构造功能——对生活世界的构造。主体间性问题的解决最终有赖于这个内含生活世界于其中的先验自我：自我与他者的意义都来源于先验自我，而所谓认识之达于共识的实现途径，也就是由个体的主观意识上升到先验的纯粹意识。

这种以先验自我构造现象世界的做法，说到底，与康德以先天形式、先验范畴统摄感性材料的理路是一致的。虽然胡塞尔努力使先验自我通过现象学还原摆脱可能存在的心理主义因素，但是，其将认识的来源归于主体，以认识论取代关于事物本身的本体论的主体主义立场，或者说将"普遍"等同于"本质"的做法，都内在

---

① 胡塞尔. 纯粹现象学通论［M］. 李幼蒸，译. 北京：中国人民大学出版社，2004：91 页注释.

② 胡塞尔. 纯粹现象学通论［M］. 李幼蒸，译. 北京：中国人民大学出版社，2004：90.

③ 胡塞尔. 笛卡尔式的沉思［M］. 张廷国，译. 北京：中国城市出版社，2002：100.

地隐含着唯我论；即便是由个体性的意识上升到熔主体间于自身之中的先验意识，这种识见也无法逃避人类中心主义的困扰。因此说，胡塞尔提出先验自我，与康德的"我思"相比，只部分地解决了康德认识论的问题，但就其最终面临不可跨越的困难而言，二者又是相通的。

1.3　舍勒的现象学经验

比较前两节内容，康德与胡塞尔虽然在具体问题上存在着诸多的差异，但他们在认识论上却都坚持了主体主义的立场：不论是康德认为知性主体以先天形式、先验范畴统摄杂多表象，还是胡塞尔认为先验自我以意义通过意向性意识行为赋予感性材料，他们最终都将认识的依据和基础交给了认知的主体。这种主体与客体相对立、并以主体统摄客体的做法，集中地体现了主体主义的性征。

从以上各部分的论述可以看到，主体论之所以会出现在康德认识论哲学及胡塞尔现象学当中，其原因，在某程度上，可归结于他们对认识行为的理解上。在他们看来，与对象直接相关的直观行为，带有明显的经验相对性，而合理的认识最终在于关于绝对本质的认识，该认识非感性直观所能及，因此，必然需要一个同一的并携带着先天内涵的行为执行者（不论是形式上的还是实体意义上的），发挥统摄、意指——或者简单地说是"勾连"——行为对象的功能，以保证认识行为的合理性，并实现意识行为与行为的现实对象之间的统一，在他们那里，或显或隐地存在着主、客二元对立。可以说，认识主体的出现，是康德与胡塞尔认识论观点进展之所必需。与此同时，直观又为认识主体提供了相关识见：康德由内感直观到进行思维、具有统觉功能的"我思"，胡塞尔也经由本质直观及本质还原，并最终由先验直观、先验还原达到蕴含意义于自身之中、统摄感性材料的先验自我。直观作为一种意识活动，不仅给出了认识的对象，还直接关系到对认识主体的认知。这样一来，认识论的问题既始于直观，又终于直观。可见，康德与胡塞尔对直观的理解，对于他们各自所取得的认识论立场及具体入微到关于认识过程和认识对象所能展开的境界，都至为重要。

不过，从康德在智性直观中提出的种种设想，到胡塞尔对直观进行的现象学的解释，却又同时是一条逐渐消解主体主义的道路。与感性直观不同，康德借智性直观设想，对象在与对象直接相关的意识行为中自身给予，这已经预示了某种消除主客对立、消除以主体统摄客体的可能。到胡塞尔的现象学，感性直观与本质直观分别指向事物与本质，并借助于意向性，将这两者勾连起来共同构成现象世界；在一定程度上，我们可以说，本质与事实不仅在各自所属的直观范围内通过意向性"实现"了自身的同一，而且在意指性的赋意活动中，二者也"达到"了统一。主体与客体间的分裂在胡塞尔现象学中被进一步地弥合了。

到了舍勒，他对直观的现象学的重新解释，使其理论避免了任何一种意义上的主体论：具有情感意向性的本质直观即对事实本质的认识，这不仅保证了认识的合法性，还兑现给行为本身所应有的认知功能。在舍勒看来，意向性存在于人的一切行为当中，它以意义价值的形式使行为本身在意向性中与行为对象直接相关，认识的内容就是行为的相关项——这不仅集中地体现在"现象学的经验"上，也反映在感知行为过程中。这样一来，也就无须再从行为以外寻找对象的来源，更无须为此对象设立一个与之对立的主体。在舍勒现象学意义下，人非但不是统摄对象的主体，还因此而被理解为行为本身。这些观点在这一部分及以后一些部分里都将有所体现。

1.3.1 先天与后天、形式与质料

康德严格地遵循着先天－形式与后天－质料的划分，即先天的只能是形式的，后天的只是质料的；先天形式先天地蕴含于心灵之

中，后天质料则是通过事物刺激感官、受先天形式规定而得。这种对先天与后天、形式与质料的区别，在胡塞尔现象学中有所变动：形式的也可能是后天的，并且在被给予意义上是质料的；而被给予的质料，既可以是感知的对象，也可以是观念的本质。虽然有如此差别，但胡塞尔对感性、质料、先天性、形式的理解，本质上没有脱离康德遗留下来的传统。

从前面的分析可以看到，胡塞尔与康德一样，都将感性直观划归于经验范畴，并认为被感知到的，带有经验的相对性，因此，胡塞尔虽然站在现象学立场上，确定了感性直观之为原初所与性行为的明见性，但最终仍然将感性直观所予物等同于后天质料，同时，为了消除感性经验材料的自然主义相对性，胡塞尔必然要寻找先验性的依据。先验自我的提出即为此目的。由此可见，胡塞尔的先验自我发挥着与康德的先天形式、先验范畴相类似的作用，因此先验自我虽经还原之后，"去掉了康德'先验自我意识'的心理学和人类学含义，但保留了它的能动性即'意向活动'的含义，并以此来构成科学知识的可能性条件，……这样一来，胡塞尔所谓'意向活动'的能动性也就成了一种形式化的活动"①。

舍勒对直观与感性的理解不同于胡塞尔，更不同于康德。舍勒认为，现象学以事实的绝对被给予之"经验"为基础，因而，现象学更有资格被称为"经验主义"，现象学的直观也被称为"现象学经验"，可直观，在舍勒那里，仅仅意味着本质直观，是对本质内涵的给予性行为；感性认知，如感知、感觉，都不在直观之列，所谓"感性"只规定本质内涵被传输的方式。另外，从胡塞尔现象学中可以看到，感知之为直观无论如何都无法穷尽事物本身，而这种经验主义的残留又阻碍了现象学明证性要求的彻底实现，因此，舍勒将感性因素排除在现象学经验之外，也便相应地使明证直观的范

① 邓晓芒. 康德"智性直观"探微［A］//康德哲学诸问题. 北京：三联书店，2006：15.

围被严格地限制在了"经验"到了的范围内，从而，为真正地实现现象学"面向实事本身"的理想扫除了障碍。也正是在此基础上，先天、后天、形式、质料在舍勒这里重新获得了解释。

可以被称作为"先天的"，是"不考虑任何设定"地"通过直接直观的内涵而成为自身被给予性"①，所谓"直接直观的内涵"即现象学经验直观到的与事物本身直接同一的本质。先天与后天绝对对立②，依此可以判断，后天的，是所有非现象学经验给予的，也即未通过现象学直观获得的，它以代号或象征性事物、图像出现，并有待于现象学直观所予物去充实说明它。就此而言，现象学经验恰恰意味着"去象征化"。单从定义上来看，"先天的"与"后天的"只与自身是否具有直观所与性相关。而从这种现象学的直观所与性来看，一切被给予者皆为质料。按照通常的理解，质料是某种非形式的时空中"物"，但在舍勒看来，这样的理解是将事物本身以感性方式显现出来的结果，并非事实本身；而且，舍勒继承了胡塞尔范畴直观的观点，认为事物与事物之间的关联形式，作为其间本已存在着的本质联系，也是通过现象学经验被直接给予的，因此连这种关联形式也是质料。因此，形式与质料的区分只是相对的，它们在绝对意义上都是质料。不过，舍勒对被给予者的理解甚至比这还要广阔，被所予者虽名为"质料"，可质料的形态却可以因事实、本质而有所不同，后面关于位格的论述会对此有所体现。

在质料与形式问题上，从上面的分析可以看出，舍勒与胡塞尔有许多相近之处：他们都从被给予性上来理解认识对象，并且都将蕴含于事物中的本质及事物间的范畴形式，当作直观所予物来对

① 舍勒．伦理学中的形式主义与质料的价值伦理学（上）［M］．倪梁康，译．北京：三联书店，2004：57．
② 舍勒．伦理学中的形式主义与质料的价值伦理学（上）［M］．倪梁康，译．北京：三联书店，2004：63．

待。只是舍勒较胡塞尔更为彻底的是，他排除了胡塞尔现象学直观中一切经验主义因素，在本质的意义上来谈论被直观之质料（详见以下部分内容），同时，他重新界定了先天与后天的含义，从而避免了对本质进行传统意义上的先天性理解。这样，一方面，人们将关注的焦点转向本质直观所直观到的事实本质，却无须再追问或质疑感知经验之外是否存在着认知对象之本原以及能否获得关于这些事物的认知，并因而不会将问题转移到认识行为何以可能的问题上；另一方面，也无须为质料附带任何非感性经验所能及、被认为是用以规定感知表象的先天构造成分。因而，舍勒的现象学能够彻底避免对本质与事物、事态之间类似于康德的先天形式与后天质料的划分，也因此，无须在这两者中赋予一方以构造的能动性用来统摄另一方，主客二元对立的情况将不复存在；相应地，人们所要考察的无须再是能够知道什么，也无须再构造什么，却需要追问知道了什么，发现了什么，或者说，被给予了什么。

1.3.2　本质直观——情感－价值先天

（一）从"意向性"说起

从前面的分析看到，胡塞尔的意向性兼有"指向"与"赋意"的双重含义。由于胡塞尔的感性直观含有经验性因素，是在经验性的感知意义上理解被感知物的，因而意向性，不得不在一方面指示（感性或本质）直观行为对直观所予物的朝向，还得在另一方面，在感性直观提供的感性材料与本质直观提供的本质之间，发挥关联这两者的重要作用：只是因为意向性，含义本质才被赋予了现实无意义的感性材料，并在此意义上，才可以说，蕴含含义于其中的思维与思维所指向的对象是统一的，这里明显带有主动与被动的色彩。不仅如此，即使在本质直观当中，意向性原本应当发挥直接关联直观行为与直观之本质的功能，也最终被拆分开来：先验自我不仅是"意向性"的施行者，还充当了蕴含本质的场所。就此来说，在本质直观中，始终有先验自我横亘于直观行为与直观对象中间，意向性本身退而成为先验自我的特有功能。总之，胡塞尔现象学中，被直观到的两类事物，不得不在先已是分离的前提下，被意指行为合而为一。也就是在这种情况下，胡塞尔才必须从经验性事实上升到先验性本质，以保证事实在本质的基础上，摆脱经验相对性，避免主观性。可这样做的代价，却是将事实的合理性依据及评判的标准交给了先验自我，其自身受先验自我规定，由它构造形成。

舍勒现象学中也讲意向性，并且保留了胡塞尔意向性的基本含义：特定质性的行为与行为对象间的统一，含义意向与含义充实的结构在此仍然适用。但舍勒不曾在意向性的两端，像胡塞尔那样，设定两类截然不同的事物，如现实性的材料与观念性的本质，而且意向性在舍勒这里，也因此不可能成为联结这两类事物的中介。

若说胡塞尔的意向性是"关于"事实的意识，强调意识行为的非空性，但意识本身在此并没有其存在的来源，或者说这种意向性并不直接地指向事物自身，——这也是胡塞尔意识的意识性的特征所在；那么，在舍勒的现象学当中，认识的依据则正在于直观所予的事实本身，因此，意向性之为"对……的意识"，是关于"事实"的意识。这里的事实即意义价值，也即现象、本质（Wassein），它既不是某种意识的内容，也不是进行着的直观，[①] 而是被直观到的、潜意识中的无前提的本质存在（Sosein，又译作"如在""所在"），在这样的意向性行为中，行为所朝向者正是以意义价值的形式显现的本质本身，也因此，事实与意识于其中直接统一。被意识到的也就是被给予的，不多也不少。这里，不再隐含"被意指之物"和"被给予之物"的分离，"何物性"与"意指性"同一。由此，现象学的意向性也仅仅意味着对某物的朝向、倾

---

① Luther, A. R., *Scheler's Order of Evidence and Metaphysical Experiencing*, Philosophy Today, 23：3（1979：Fall）.

向，使某物被意识到，被发现，被揭露，不论被意识到的是何物，它都"……既不是形成的构造活动，也不是由自我进行的综合"①，在意识的对象与意识行为之间，不存在也不需要任何的勾连。因而，以这种意向性为内在机制的认识行为，都将从根本上取消认识主体与认识客体之间的对立关系，更不用说产生以主体统摄客体的现象了。

而朝向事物本身所本有之本质的、或者说行为本身与对象最为直接地统一的，从严格意义上来说，只有本质直观。

（二）本质直观与现象学还原

与康德、胡塞尔对直观的理解不同，舍勒现象学意义下的直观或现象学经验仅仅意味着本质直观。这一意义下的直观仍坚持了胡塞尔现象学中对直观的明证性要求。通过本质直观，某物被直观，并因此自身明证且相即地被给予。先天的，就是通过本质直观被给予的事实，也即关于事物、事态本身的纯粹本质，在此意义上，事物、事态与本质之间无须任何中介，直接同一，不存在任何一方对另一方的规定、统摄。

本质既可以"以直接给予的方式内在于意识之中"②（并只能通过本质直观才可以直观到它）；又可以存在于意识之外，显现于某事物的当下此在（Dasein，又译作"现存在"）中，并只是在与意识之外的事物发生关系时，才会遇到如下情况：本质或者是某个别事物的特殊本质，或者是关于以个体为单位的事物集合的一般性本质（当然这并不意味，可以从事物的现实存在中经验性地掘出本质）。但本质超越一般与个别，既不是一般之物，也不是个别之物。与此相关，本质的先天性与普遍性无关，普遍的未必是本质的——

---

① 弗林斯. 舍勒的心灵［M］. 张志平，张任之，译. 上海：三联书店，2006：29.
② 施太格缪勒. 当代哲学主流［M］. 王炳文等，译. 北京：商务印书馆，1986：139.

"'普遍性'在任何意义上都不属于本质性"①。本质之兼存于意识之外与意识之内的特性，一方面，起到了贯穿意识内、外的作用，避免了实在论者因将本质归于意识以外的实体性事物而对思维意识与实体存在之间划开一道不可逾越的界限；另一方面，也避免了将本质仅仅归于意识之中的唯心主义相对性和主观性，因此，也就杜绝了——在前面康德或胡塞尔那里所能见到的——任何一种经验的心理学倾向或人类学倾向。

从这里，可以看出，在对待认识论的态度上，舍勒区别于康德、胡塞尔的独特之处：他将知识论建立在本体论的基础上，以绝对地被给予性界定本质。舍勒认为，认知需有实事的先行自身此在和自身被给予的本质为前提，而认识也必须以此为绝对标准。同时，这也反映了舍勒在认识行为与行为对象之间关系上的态度。与康德、胡塞尔不同，认识在舍勒这里，不再需要任何形式的主体的介入，以此实现了认知行为与认知对象之间的直接相关性，对象作为行为的相关项，其所呈现为何种样态，完全取决于行为。——与本质相应的是精神行为之本质直观。

与胡塞尔相似，舍勒也区分了事实与本质。舍勒通常将事实划分为三类：自然的事实、科学的事实和现象学的事实。② 自然的事实是事物本身与经验者主观状况的中间领域，构成"自然的世界观的态度"，形成人们关于周围世界的日常知识，如，太阳东升西落。而科学的事实是通过人为的"科学的还原"、采取科学的步骤获得的事实，它贯穿着科学世界观的态度。现象学的事实也带有人为的特征，是经现象学还原后直观到的纯粹事实，其中确立起的是"现象学的态度"。在一定程度上，现象学的事实与本质同义，而自然的事实与科学的事实只具有经验相对性，并最终奠基于现象学的事

① 舍勒. 伦理学中的形式主义与质料的价值伦理学（上）［M］. 倪梁康，译. 北京：三联书店，2004：91.

② 倪梁康. 现象学及其效应［M］. 北京：三联书店，1994：323.

实上。与胡塞尔相比较，舍勒的自然态度与科学态度合起来，相当于胡塞尔现象学中的"自然的态度"；而胡塞尔所说的与"自然态度"相对立的"现象学态度"，则与舍勒的现象学态度相类似。为达到现象学的事实，舍勒与胡塞尔都对自然的、科学的态度进行了现象学的还原，只是还原的具体操作，因对现实的理解不同而有差别。

胡塞尔所谓的现实，重点在于未经现象学的直观给予就被设定了的现实存在。所以，胡塞尔的现象学还原所还原掉的，就是这种对事物的未经审视的存在性设定以及与之相关的自然科学研究方法及态度，甚至是对纯粹自我的还原，也不外于自然科学意义下的经验的心理活动的承担者。可"在舍勒看来，世界的现实是在分别由'内驱力'和直接作为现象而存在的世界的'抵制'组成的两极之间、在这两者之间存在的张力之中给定的；而且，我们有关这种世界现实性的经验……也都是这样形成和给定的"①（其中"内驱力"也译作"冲动"，"抵制"也译作"抵抗"或"抗阻"）。也就是说，现实存在是世界在生命驱动力上产生的抗阻体验②，自然的事实和科学的事实都是与这种现实存在直接相关的经验知识。这种体验及相关的知识，表现了生命对包括自身在内的一切事物的带着实用性、功利性的求索欲和控制欲。因而，对自然与科学的事实的还原，也就意味着对内驱力的抑制以及对关于世界的抗阻体验的中止，或者说，意味着通过对内驱力的抑制而转变一种观世界的态度：由实用性、功利性的态度转向面对事实本身这一现象学的态度，这同时也就是舍勒所说的对现实的"非现实化"，或曰现象学还原。如果说，胡塞尔的现象学还原是对判断外在事物存在与否的悬置，那么，舍勒的现象学还原就是对内在生命欲求的扬弃，也在

---

① 艾彦《关注价值秩序、社会精神和经验结构的现象学知识社会学》，选自舍勒.知识社会学问题［M］. 艾彦，译. 北京：华夏出版社，2003：12.

② 刘小枫. 舍勒选集（下）［M］. 上海：三联书店，1999：1342.

此意义上，称现象学为一种"态度"，较之"方法"更合适，因为"它是一种在哲学认识上的道德倾向"①，舍勒由此转向了对伦理学的关注。

与舍勒理解的现象学还原相应，本质直观所直观到的本质，是绝对的价值和绝对的存在。

（三）价值与位格

胡塞尔现象学直观最后所揭露的是纯粹的意识。根据舍勒现象学的立场，这个纯粹的意识，只是在以认识论取代本体论时、将目光从事物本身转移到认知主体上来的结果，但事物的自身被给予先于人们对它们的认识，并且，不以人的本性及组织为转移，更独立于与生命冲动本质相关的现实实在。通过舍勒带有伦理道德意味的现象学还原，一切事物之最终可显现给人的本质即价值，而人之为人者，最根本地表现为作为价值的载体——位格（或译作人格）。

价值是一种独立的特质（autonomous qualia），它虽然需要借助其他存在物表现出来，但却又可以在对价值承载体无所知识的情况下被单独地把握到、感受到，承载着价值的事物被称作价值存在；正因如此，人们才可能会在完全了解某个事物的情况下，体察到隐藏在这个事物背后的价值本质，并因而对它产生某种感受，即使人们并不清楚这究竟是如何发生的。② 价值因事物存在不同而有所不同。舍勒将不同的价值内容按高低次序分为五个等级：绝对价值，包括神圣价值与非神圣价值；精神价值，包括评判美丑的审美价值、判决公正与不公正的价值以及对真理认识的哲学价值；生命价值，包括在机体内部及对象外观上感受到的所有价值；实用价值，包括所有以功利性、实用性标准来衡量的一切价值；感官价值，主要是就身体的适意程度、愉悦程度而言的价值。

---

① 马德《马克斯·舍勒》，转引自倪梁康. 现象学及其效应 [M]. 北京：三联书店，1994：326.

② Spader，Peter H.，*The facts of Max Scheler*，Philosophy Today，23：3（1979：Fall）.

舍勒认为，不同的个人乃至不同的民族社会，会对价值的内容在不超出上述范围的情况下做出不同的选择，不存在绝对而同一的价值取向，因此，价值的具体内容因人因地而异，带有相对性。但是，价值之间的等级秩序是不变的：价值对感性事物的依赖性越小，可分性越少，价值的等级就越高，越能给人在精神上持久的满足。就此而言，价值的等级秩序不会因地域的、人文的差异而改变，是绝对的。

如前所述，先天性在于直接的被给予性，而"一切价值先天的真正所在地是那种在感受活动、偏好、最终是在爱与恨之中建构起来的价值认识或价值直观，以及对价值关系、它们的'较高''较低'的关系的认识或直观，或者说，'伦常认识'"①。对价值本身的直观及对价值之间关系的明察，先于一切感知及思维等的认识活动，较之于前者，感知及思维等的认识活动虽蕴含价值于自身当中，并以此为行为指向，但却并不直接意指价值，就这一点来说，纯粹的感知与思维都是价值盲目的。但价值直观及伦常认识之所以有如此功能，原因在于其以感受、偏好行为、并最终是爱的行为作为基础：只是在爱的驱使下，事物的价值才由感受行为显现出来，而且，也正是在爱之中，价值的显现才趋向于更高级次。

这里的"爱"不是情感之爱或性爱，等等，它不同于任何的欲求与需索，而是基督教意义上的精神之爱。在舍勒看来，人的本质就在于他是一种"爱的生物"，以爱的方式参与事物的本质的有限性存在，就是位格。

舍勒认为，胡塞尔现象学还原后剩余下来的纯粹意识只是一种虚构，纯粹意识"除了是一个位格的意识外，在我们的意识中根本就没有关于它的其他经验"②，人之为位格先于人作为意识存在。

①　舍勒.伦理学中的形式主义与质料的价值伦理学（上）[M].倪梁康，译.北京：三联书店，2004：82.

②　弗林斯.舍勒的心灵[M].张志平，张任之，译.上海：三联书店，2006：14.

位格是精神行为在人身上的实现，因此，位格就是行为本身，是绝对的存在本身。位格行为包括了前意识的感受、偏好以及爱的行为等一切意向性行为，或者说位格本身就是一种意向性的存在。在舍勒看来，精神性的体验行为是不可对象化的，因而位格领域、精神领域也是不可对象化的。

正如前面曾说过，舍勒认为的本质在具体讲述某事物时，既可以成为个别性的本质，也可以成为相对普遍意义下的一般之物，因此，作为人的本质的位格，同样既可以是个体性的位格，也可以是以个体为单位的群体性、社团性的位格。这种变化，在胡塞尔的先验自我是不存在的。而且，作为位格的人，只是在其行动的过程中才成其为自身，而人又因行动的进程有别而有所区分，在此情况下，人之为位格始终是一个个的个体此在，这一点显然不同于康德、胡塞尔对人的统一划规式的理解：在康德与胡塞尔那里，个体的人最终消解为已然状态下的"一般的人"（理性的主体或纯粹意识的先验自我）。

不过，位格之为精神行为本身，虽然是人之为人的本质所在，却不是所有人都能够实现。本质的并非普遍的。人的行为或经还原后沉浸于自身之精神行为，或未经还原而沦没于受周围环境之限的生命行为，前者以精神驾驭生命，而后者却以生命支配精神；而且，不同的行为，不论是精神行为，还是生命行为，将会显现出不同的对象及其相关项，前者是以本真的样态呈现，而后者则是本质在经身体过滤后的歪曲呈现。可这也恰恰说明了，只要精神在，事实本质即使遭歪曲也依然是存在的。这在下一章中会有具体阐述。

作为个体存在的位格，生成并实现于行为的进行中，始终处于未然状态，这杜绝了像胡塞尔或康德那样，将带有确定性质的主体设定为一切认识活动的起点。在舍勒现象学中，位格既不是认识的主体也不是认识的起点，但却并不因此毫无意义。舍勒通过本质还原，使人身上各种生命欲求被禁止，取而代之的是良知的发现和精神之爱的复苏；在良知的感召下识得关于事物的价值，并经精神之爱的驱动，由较低价值向着更高乃至最高的价值运动。舍勒认为，人之为人者，正在于人的这种不断由低级价值向高级价值运动的精神之爱。位格在这一系列的行为进行中成为善恶价值的承载体，而同时，价值也通过位格为具体行为提供质性方向。由此可见，位格的意义正在于，事物的本质存在于位格存在中得以彰显。结合前面所言，位格的存在所以如此，根本上源于位格之为精神行为本身，源于精神行为最内在的动力或机制——"爱"。问题到这里，实质上又回到了前面曾提及的意向性。

（四）本质直观的意向性——感受、偏好以及爱的行为的意向性

由上面的论述可以得知，舍勒所谓直观中意向性（"对……的意识"）的"意识"，不同于胡塞尔现象学直观中意向性（"对……的意识"）的"意识"。

从胡塞尔现象学整体来看，其所谓的意识是"我思"的思维行为，其中始终存在着思维行为的进行者，意识活动处于明显的自主的或曰反思的状态，相应地，其意向性也更多地指向一种主体的赋意活动，就此而言，胡塞尔现象学中与事实、与本质最为接近的直观，虽成为其他一切意识行为的基础，但在具体的行为变样中，真正发挥作用的还是认识主体。舍勒现象学中的直观行为也是认知中的基础行为，但由于意向性之使行为与对象直接统一的理念贯穿其始终，因而这种奠基作用的发挥完全可以在不借助外力的情况下独立实现：本质直观不仅直接指向事实本质，还通过这一本质引导其他行为，而其他行为又都可以、也都必然要化约到这一行为上来，可不管怎样，这一切都以直观所给予之事实本身为依据，而在特定的行为当中，也与行为质性本身有所关联，因此，与胡塞尔的直线式、统摄性的奠基关系相比，舍勒现象学中的奠基毋宁说是一种层层包裹式的蕴含。在舍勒看来，其中所蕴含者即通过情感、感受被给予的意义价值，故而，情感、感受优先于意识；与胡塞尔的意识

行为的意向性不同，舍勒的本质直观的意向性是一种情感的、感受的意向性。

价值只能在感受性的活动中被给予。类似于胡塞尔之排除逻辑思维的心理主义因素一样，舍勒也必须排除一切意识行为之基础——情感、感受自身当中可能存在着心理、物理因素，为此他在进行现象学还原的同时区分了状态性感受与意向的感受活动。①

状态性感受是关于显现在感性感官上的状态的感受，其感受的对象、也即感受状态包括相关于此在个体身体状况的感受内容及感受样态——比如，一个感性的疼痛感或快乐感及相应的忍受或享受——和关于对象的、情感的情绪－特征——比如，一条河流的静谧、天空灰暗色的悲哀。感受状态与感知（包括内感知与外感知）相关，与身体的变化体验一同出现，或成为对这个变化的象征性指号，因此，感受状态的出发点不是事物自身，就它是被显现出来的内容而言，它也不接受或意指任何东西。显然，状态性感受带有明显的心理、物理的因素。意向感受是"对某物的感受活动"。与感受状态之"属于内容和显现"不同，感受活动"属于接受它们的功能"。② 意向感受借此活动性功能而朝向、意指某物，其中意向的感受活动与被感受的东西相联结，"但这种联结是现存于所有关于价值的感受之中的"③，所谓"关于价值的感受"，即"原初的"、对一个价值的自身朝向的感受活动。因此，意向的感受活动所指向的、所朝向的总已是某种具有价值本质的事物，并直接地将隐藏于事物之中的价值生发出来，也因此，意向的感受活动区别于其他的

---

① 对舍勒将感受作为其直观的基本形式的质疑及反驳，可参见 Spader, Peter H., *The facts of Max Scheler*, Philosophy Today, 23：3（1979：Fall）.

② 舍勒. 伦理学中的形式主义与质料的价值伦理学（上）［M］. 倪梁康，译. 北京：三联书店，2004：311.

③ 舍勒. 伦理学中的形式主义与质料的价值伦理学（上）［M］. 倪梁康，译. 北京：三联书店，2004：312.

活动，与价值具有某种本质相关性。①

　　舍勒认为，"对价值的'感受'本身本质必然地奠基在一个'偏好'和'偏恶'之上。"② 这里的"偏好""偏恶"，与感受相同，都有"对某物的意识"，其中这个"某物"仍然是携带着价值的某物，被给予者与被意指者在价值的意义上直接同一；所不同的是，偏好与偏恶在感受的同时，还潜在地具有对更高或更低价值的精神性的情感认同，是关于价值等级的领悟，以对事物自身当中本有的更高或更低状态的价值的直接给予为前提。但偏好、偏恶并不是在多种事物之间进行的选择性行为，而毋宁说，在偏好或偏恶的意向行为中，行为自身中所蕴含着的价值指向，在被意向的事物的价值中得到了充实：偏好倾向于更持久、不可分割且更少奠基的价值，偏恶则正相反。这如同中国古人所说的"好好色、恶恶臭"：并不是说给了一种行为以"好色"与"恶臭"，让它在这两者当中去选择，这个好色才显得是好的，而恶臭也才显得是恶的，而是这些事物本身在人（的情感）这里直接被显现为好的或恶的。

　　不论是意向的感受行为，还是偏好、偏恶行为，它们都不直接地提供价值本身，因为都须以价值的直接给予性行为——"爱"——为基础（即或是恨也是以爱为源生地），并进而获得精神动力。爱本身是这样一种倾向：它总是促使精神的"眼睛"朝向

---

　　① 说到这里，人们可能会认为，价值虽由感受所感受到，但只是在理智当中，才可以将这个价值认识清楚，或者说，价值被感受到只是被动的、自发的，而对于价值的认知却需要理智主动地进行，这样一来，对于价值，感受即便具有根本性的意义，但对人的认识而言，理智却显得更为优先。或者人们干脆可以认为，价值之被认知，是感受与理智相结合的结果。事实上，舍勒在他的著作里，反复强调所谓"心有其理"，并认为，这与"理智的逻各斯"并不矛盾，因此，理智并不优先于心的感受，而这种感受也绝不是与理智相糅合的产物，毋宁说，源自心性的感受性活动本身就已蕴含着理智，蕴含着某种逻各斯。这在下文中还会涉及。［参见 Spader, Peter H., *The Primacy of the Heart: Scheler's Challenge to Phenomenology*, Philosophy Today, 29：3（1985：Fall）.］

　　② 舍勒. 伦理学中的形式主义与质料的价值伦理学（上）［M］. 倪梁康，译. 北京：三联书店，2004：108.

更高的价值。这里的意向性，仍然是一种朝向，但却是发现了新事物的朝向，即对事物自身所具有之价值的精神性指向。胡塞尔的意向性活动，也有新事物显现其中，但却是通过意识构造出来的新事物，在某种程度上，这一意义下的新事物是对事物本身的非本真的认知。可舍勒的爱，却是一种朝着内在于事物中的更高价值的趋向，它并不改变，只是揭示：爱，不断地将事物从沉寂中唤醒，呈现出它活生生的本来样态。也因此，舍勒认为，只是在爱的行为中，事物的绝对本质——价值——才真正地显现出来。对舍勒来讲，精神之爱不仅是一种情感行为，还是基督教伦常道德意义下的爱，是良知在面向自在之上帝时的伦常认识，爱的行为本身就实现着至高的价值。

1.3.3 舍勒的感知

由舍勒的本质直观出发，将人解释为与客体相对立、统摄杂多表象的认识主体的可能性被取消了。而舍勒关于感知的现象学解释，又在另一方面从根本上否定了康德、胡塞尔的"自我"之为形式主体的理解。

康德与胡塞尔都认为感性活动属于直观，所不同者仅在于：康德将直观仅仅理解为感性直观，而胡塞尔在康德基础上，将感性直观扩展成为包括范畴直观在内的感性直观。但是，不论是康德——在绝对意义上，还是胡塞尔——在相对意义上，他们都认为感性直观是经验相对性的。对此，舍勒重新界定直观与感性行为，将二者彻底地划分开来：直观仅只是本质直观，直观所予物是事物的本质，本质与事物本身直接同一；感性行为与直观无涉，相应地，感性内涵更不是关于事物的本质内涵。

（一）感知

感知"作为那种在其中某物自身并同时切身地被给予的行为质性，同时也是身体－感性的，并且只能给予'当前之物'，也就是说，只能给予（内和外）感官感知的内涵……"①

　　显然，在舍勒看来，感知也关系到事物的自身被给予，只是，与本质直观之自身被给予不同，感知是经过身体－感性的过滤之后，通过感官获取的感性内涵，而"'感性内涵'或'感觉'的概念……仅仅规定着一个内涵如何传送的方式"②。如果这样来理解，那么通常人们所理解的感性之物，比如，颜色、声音、时间性、空间性，等等这样的概念，就不是舍勒现象学意义下的感性内涵了。这些概念本身，作为带有某种本质特征的东西，属于自然、科学观点中的本质、内涵范畴，与此内涵相对应的感性内涵，应是这种内涵借助身体感官的中介显现出来的状态。即使是价值秩序中最低的价值——感官价值，也与感性内涵无丝毫关系。价值是标识事物本质的概念，而感性内涵则是本质被身体中介了、显现出来的样态。因而，感性内涵总是在价值、本质世界"之中""之旁"，作为次生的伴随现象进入我们的生活。

　　由于感知的这种身体－感性特征，使感性内涵不会作为某种恒常的内容被给予，相反，当身体感官处于变化中时，本质内涵借助它显现出来的现象也在发生变化，对外界事物及对自身的感觉都是在这许多变更现象中通过比较来确认的，换句话说，感知之现实过程、感觉，表达的是一种变更关系。在此意义上，舍勒说，感觉"永远只是一个需要受到规定的 X"③。但这里所说的"规定"，并不完全取决于身体内部及其与外界环境之间的相互作用，而是还更多地取决于后面将会讲到的精神与生命之间的关系以及由这种关系所决定的意义价值之对身体感知行为的指向性关联。也因此，被感

---

① 舍勒. 伦理学中的形式主义与质料的价值伦理学（下）［M］. 倪梁康，译. 北京：三联书店，2004：508.
② 舍勒. 伦理学中的形式主义与质料的价值伦理学（上）［M］. 倪梁康，译. 北京：三联书店，2004：65.
③ 舍勒. 伦理学中的形式主义与质料的价值伦理学（上）［M］. 倪梁康，译. 北京：三联书店，2004：71.

第 1 章　直观——从康德到舍勒

57

知之物虽然可能是同一种，但是在不同的感知者那里，其所呈现的样态却不尽相同，而其中真正起作用的，正是携带着意义价值的意向性行为本身或即位格：被感知者以意义价值的形式呈现于精神，而精神之与生命的关系又决定着精神在将这种意义价值反馈回生命时所产生的生命现象。在此意义上，感知行为与其对象在意向性行为的基础上保持统一。

（二）内感知与外感知、心理之物与物理之物

舍勒关于内感知与外感知以及心理之物与物理之物的理解，与胡塞尔有些许相似之处。所不同者，主要地就是上面已经说明的关于感知本身的界定。

内感知与外感知的区分，是同一感知质性在行为的方向及形式上的区分。

感知虽然是身体－感性的，可内、外感知的区别却完全可以在"设想一个身体完全不存在的情况下"，留存下来。① 原因在于，内感知与外感知的方向差异并非以身体躯体为界在空间上的"内""外"划分，而是以感知向内与向外的方向性来规定，并"与在它之中被给予之物的一个特殊的杂多性形式本质地联结在一起"②。其中所谓"杂多性形式"涉及与内、外感知相对应的心理之物与物理之物的特征。

感知都是通过相应的感官得以进行的。通过外感知感官，感知到的是物理之物，外感知行为显现对象的过程以实存于时空中之无限自然为背景，外感知所显现者——物理之物——即借助外感知器官的中介对自然的、并且只能是部分地呈现的结果。比如，我感知到一些形态各异的躯体身体、一个个形状不同的平面等，所有这些

---

① 舍勒. 伦理学中的形式主义与质料的价值伦理学（下）[M]. 倪梁康，译. 北京：三联书店，2004：499.
② 舍勒. 伦理学中的形式主义与质料的价值伦理学（下）[M]. 倪梁康，译. 北京：三联书店，2004：499.

都以切身的方式指明，被感知到的东西是存在着的，随着我们外感知的"触角"的延伸，感知之对象亦不断扩展，却无有尽头，因此而知所感知者总是这无尽头之自然中的一部分。倘若我们仅仅停留在这种外感知上，那么，所能得到的只是这样一些虽然自成一体、却散落于时空各处的外感知之物。不过，当我们将所有这些通过外感知得来的物理之物去除之后，并非只剩空无，因为，除了外意识以外，我们还具有内意识。①

舍勒认为，通过内感知给予的是心理之物，内感知行为的发生须以隶属精神世界的纯粹体验（流）为背景。心理之物的给予过程也即作为体验之自我的体验，体验之自我标明内感知的被给予方式。与外感知所感知到的是一些相互分离的事物不同，通过内感知被给予的心理现象，恰恰是一些相对整合的事物，比如，以体验之自我的统一性形式感知到的身体，即心灵－自我。其所以可能者，正如同外感知行为以自然为显现背景一般，内感知则以精神性的体验流之被给予为其背景，以一种心理体验的样态呈现事物，这也正反映了内、外感知在感知形式上的差异。如舍勒所言："在外感知那里有一种自我中的时空相离，在内感知那里有一种在自我中的时空相聚。"② 当然，这并不意味着内感知统摄经外感知所感知到的分离之物，也不意味着内感知较外感知更多一些优越性，因为不论是内感知还是外感知，被感知之物都是身体－感性"质料"。这一结论与胡塞尔的感知理论相近，只是舍勒进一步得出结论说，心理事实因上述原因也并不比物理事实更多一些确证性，经内感知所得之"自我"从此也将不再可以成为心理之外其他事实的起点和基础。

由于内、外感知同属感知行为，因而心理之物与物理之物本质

---

① 舍勒. 伦理学中的形式主义与质料的价值伦理学（下）［M］. 倪梁康，译. 北京：三联书店，2004：487－488.

② 刘小枫. 舍勒选集（上）［M］. 上海：三联书店，1999：58.

上是同一个身体所感知到的不同现象，虽然彼此之间相对独立，却并非不相关联，并且事实上心理之物与物理之物总可以一同出现，一同指向相同的含义、意义，甚至于人们不得不承认：任何一方所具有而另一方不具有的特征根本就不存在。由此可知，内感知与外感知、心理之物与物理之物是可沟通的。

（三）被内感知到的"自我"——与康德、胡塞尔之"自我"的差异

康德通过内感与外感以先天时、空形式获得关于"自我"的感性材料；同时，经内感直观到的"我思"，因其特殊的反思明见性及特殊的思维功能而成为统摄杂多表象之思维活动的先决条件。胡塞尔所谓被感知、直观到的"自我"，分别是作为外在躯体的身体自我与作为内意识的心灵自我；根据其理论之需，胡塞尔经验现象学的还原，将经验性的"我思"上升到先验自我，并以之作为一切思维活动之前提。这些在舍勒现象学中都不再可能。一方面，舍勒关于本质直观、本质还原的说明，排除了任何一种意义下之主体出现的可能性，因此，"自我"也不能被理解为思维活动的具有先天性、先验性的形式主体；另一方面，舍勒现象学在消解了主体主义之后，仅剩下了特定种类的"行为"和与之相对应的"行为对象及其相关项"这一模式，自我正是与内感知本质相关的行为相关项（详见下文），而同时，这个"自我"之成其为自身的本质规定性——"自我性"则需要由直观被给予，因此，自我在任何意义上都不可能是作为其他对象的、无前提的前提条件。可见，舍勒对内感知的澄清，从根本上清理了心理主义及主体论的根由，而其对认识行为，尤其是对现象学经验的理解，又从另一方面为认识论寻找更为可靠的基础。

另外，胡塞尔、舍勒对躯体与心灵的划分，与传统对身、心的划分不同，前两者都有从现象学的角度上弥合身、心的趋向。而在胡塞尔与舍勒之间，所不同者在于，舍勒将感知定义为身体－感性

之中介、方式，既与直观、本质无关，也不再可能追究被感知事物之自身，而是强调被感知者之为被感性身体所中介了的样态，或者说，只强调感知者之被感知的这样一种方式，因此杜绝了胡塞尔以感性直观所予物来理解躯体、心灵时，可能存在的对身体与心灵所作的另一形式上的本质区分。舍勒认为，内感知、外感知分别给予的心理之物与物理之物，只是因感知方向不同而有所差异，却都属于感性－身体的范畴，就此而言，舍勒所谓的躯体－身体与心灵－身体，也绝不再是彼此截然分离的两种事物。在下一章中，将会看到，在舍勒现象学中，身体的两个方面在精神的引导下彼此相通，并且也正是在此意义上，身体的感觉与精神的体验才会有本质性的关联。

第 2 章　舍勒现象学意义下的"人"

这篇论文的主题是舍勒的主体间性问题。这个问题归根到底还是"人"问题。第一章通过对康德、胡塞尔和舍勒关于直观见解的比较，一方面简单陈述了舍勒现象学中的一些基本观点，另一方面，也以舍勒的现象学立场为出发点，摆脱了将人理解为主体的论断。可接下来的问题便是，以舍勒的角度来看，"人"又意味着什么呢？

2.1　舍勒关于"人"的问题的现象学立场

"按照某种理解，哲学的所有核心问题均可归结为这样一个问题：人是什么，人在存在、世界和上帝的整体中占据何种形而上学的位置？"① 在舍勒一生的哲学生涯里，人的问题也是他所关注的核心问题。

当提起"人"的时候，传统的欧洲世界存在着三种彼此完全不可调和的观念。② 其一存在于犹太－基督教传统关于上帝造人说，关于天堂、堕落，等等的思想中。其二是希腊古典文化的传统思想

---

① 刘小枫. 舍勒选集（下）［M］. 上海：三联书店，1999：1281.
② 舍勒在著作里还提到其他关于人的定义，但是他更看重文中所提到的三种，在他的《人在宇宙中的位置》一书里事实上也只保留了这三种。参见 Ranly, Ernest, Scheler on Man and Metaphysics, Philosophy Today, 9：3（1965：Fall）。

范围，其中，人对自身的意识有史以来第一次上升到了人的特殊地位：人之为人者，并不在于人是神的造物，而是因为人具有"理性"。第三是自然科学和发生心理学的思想范围，按照这种观点，人与其他生存于地球上的生物相类似，是地球运动发展、生物物种进化的一个结果，只是，人较其他生物在能量与能力上显得更为高级一些。由此，分别形成一个神学的、一个哲学的和一个自然科学的人类学。可是，在舍勒看来，这三者彼此之间互不相干，人们也因此没有一个关于人的统一的观念。对此，舍勒从现象学的立场出发，针对其中不合理因素进行批判，并在此基础上，综合自然、哲学、神学三方面观点，以期较为全面地展示人的观念。

在《人在宇宙中的位置》里，舍勒首先将人归于生命有机物种中的一类，从"自然人"的角度说明，人与其他动物一样，依循生物进化规则，以对周围环境的适应为其生存基础；其次，又将人区别于其他物种，揭示人之为精神性的存在，有其他物种所不具备的对生命冲动的抵制力及将自身与周围环境对象化的能力，因而人有自身意识，并可将周围环境转化为"世界"。其中，舍勒由低到高依次区分了人作为自然存在及精神存在的五个层次：植物的营养机能、本能行为、联想记忆、实践智慧以及精神行为。前四个层次为人与其他生物部分享有或全部享有，属于人的生命范畴，只有最后一个层次为人所独有。

显然，如果仅从自然科学的角度来看，人类只占据动物世界中之一角，即使被称为"脊椎－哺乳动物之冠"，却仍然从属于动物的概念。而若单纯以理智来定义人的本质存在，就理智属于实践智慧而言，从上面的分层来看，也不足以将人与动物区分开来。近、现代以来，人以主体自居，从主观功用性的角度出发，以实用价值的标准衡量一切事物，其结果是工具理性的逐渐升温。在舍勒看来，理智意味着一种机智、机巧，是某种制作工具的能力。当某物种自身的本能，无法实现生存需求时，才会转移到工具的制造上，因而工具是"生命活力匮乏的表现和结果",相应地,理智也只在生命活力已衰竭而又必需某种力量、器官时才会出现,是"顶替久候不至的或变得无把握了的本能的代用品"①。生命活力的匮乏,在某种意义上,可等同于本能的失效;舍勒甚至认为,本能是另一形式的精神,"一种严格地与组织、器官活动以及其固定次序相应的、几乎渗透于它们之中的精神。"② 如果这样,理智的出现,也恰恰意味着精神的衰颓,在此意义上,舍勒称理智的动物和工具的动物为病态的动物。但,理智与工具并不是完全消极的。理智与工具也可以借以实现人的本质,当然,这需要有精神的引导,因此,印刻着人的理智能力的工具,同时也可以成为承载着人类精神文明内涵的事物。

这里,已经涉及舍勒关于人的两个主要概念:精神与生命。前面曾说,人若受到生命冲动的限制,将会以欲求的态度参与世界的交往活动,形成与现实相关的自然的、科学的事实,这些事实表达了人的生命意志在行动中所获得的实用性的满足。可是,要能够真正地融入事实本质存在之中,进入精神世界,就必须扬弃现实性因素,而这只有通过还原生命冲动才有可能。只是,这种现象学还原并不等于排除或"使失效",精神的存在不以生命力的消除为前提,对此,毋宁说,经过对生命冲动的还原,精神与生命只是转换了所属关系,用舍勒的话来讲,它们的关系"被引回到纯粹'感性共属关联'"③。这也就是说,通过这种现象学的还原,身体及一切与身体相关的生命机体性的心理存在被对象化,从而"解除身体和受生命机体规定的把握纯粹精神冲动的'形式'","这种 [现象学还原的] 技术之终点或理想的目的,是'我''聚于'、'专一于'精神

① 刘小枫. 舍勒选集(下)[M]. 上海:三联书店,1999:1294、1296.
② 刘小枫. 舍勒选集(下)[M]. 上海:三联书店,1999:1295.
③ 刘小枫. 个体信仰与文化理论 [M]. 成都:四川人民出版社,1997:190.

的位格，并仅仅是'拥有'、'具有'、'支配'身体。"①

　　舍勒认为，一切有限的存在者都有如在（本质）与此在之分，人也不例外。如果人的身体性存在并不是现象学还原所应当被"排除"掉的因素，那么，身体性的存在与精神性的存在（本质之所在）便同为人之存在的构成部分，精神之于有限性的生命存在中的显现，即为人的现身于世之此在。此在的身体之在，虽然在一定程度上限制着精神之在，但精神之在并不依赖于身体之在，并且由于此在身体无关涉、不参与世界的纯粹本质，因而说精神之在优先于身体之在。在这里，现象学的还原就如同对身体的净化，使精神之在从导源自生命冲动的现实经验里解放出来。但是，这并不意味，精神可以完全脱离身体而存在。所有的精神性行为都与生命的某种状态直接相关。精神世界在人所具有的一切意识行为——如知觉、回忆、期望、意愿、感知，等等——当中，总是要通过身体的某种"界限"而有所表达，虽然这种表达并不会对精神行为起任何决定作用，而是被精神所决定。如果这样，生命性征在人身上，就并非必然地要充当障蔽精神的负面角色，而是还可以与精神一同构成紧密不可分的统一体，而且也只有这样，才是生命与精神在有限个体——人——之中最为合理的共存状态，当然，前提在于面向"上帝"；舍勒将与生命种属有关的本能定义为精神的另一种形式，其所言及者无非在于，潜在于生命当中、自然地流淌出来的本能，也是精神经身体有机组织的过滤后的最直接和最原始的表现。

　　对于舍勒来讲，不论是生命，还是精神，都还不足以定位人的本质，在这两者之外，还需有宗教。基督教神学观，对舍勒的思想影响至深，在他一生当中，虽曾因对官方天主教思想有所不满而脱离教会，但却从未离开基督教神学立场，"仍然从人与上帝的关系

---

　　① 舍勒《论现象学还原》，转引自刘小枫. 个体信仰与文化理论［M］. 成都：四川人民出版社，1997：190.

这——贯着眼点来界定人的位置"，① 并不遗余力地对侵入宗教神学思想里的主观论、人本主义进行现象学的批判。

舍勒的现象学确立起情感在认识论与本体论中的地位，却并未因此而陷入主观主义或非理性主义，这一方面在于，舍勒的情感行为是意向性行为，其意向所指即事物本质的自身所予，行为与对象正相关，相应地，宗教神学必须以上帝之在为前提，即使是体现上帝与此在个体之间关联的良知、懊悔，也是从这种形而上学 – 宗教的立场上出发，将某种情感行为、判断行为理解为来自——被体验到的——"上帝的声音"的"召唤""告诫"，等等，② 由此而摆脱了对神学的任何一种主观性解释。另一方面，在形而上学当中，舍勒坚持认为，全部的精神生活，以其依据本质内涵并独立于人的组织之事实——如经验心理学的事实，而具有"纯粹的"行为和行为规律，精神中的情感方面——感受、偏好、偏恶、爱，更是原初地具有先天之内涵③。与此对应，在宗教领域里，也存在着不依赖人的相对性的、形而上的"绝对之域"④，而任何以人的模版取代这个绝对之域的做法，都必将会导致，使绝对之域中通过爱所达到的最高价值，让位于满足人的生命所需之最低价值。在舍勒看来，这恰是现代人本主义所创下的恶果；人远离爱的引导，远离以精神价值为纽带的灵魂聚集地，也必然达成以物质利益为目的、以工具理性为准则的契约组织，但是，其结果却是在舍弃了每个人的精神灵魂之间最深刻、也最有效力的终极联系的同时，也使人的社会存在的统一性丧失了价值本源上的根基。⑤ 由此，恢复基督教神学中

① 刘小枫. 人是祈祷的 X［A］//走向十字架上的真. 上海：三联书店，1995：100 – 101.

② 刘小枫. 舍勒选集（上）［M］. 上海：三联书店，1999：197.

③ 舍勒. 伦理学中的形式主义与质料的价值伦理学（上）［M］. 倪梁康，译. 北京：三联书店，2004：76.

④ 刘小枫. 个体信仰与文化理论［M］. 成都：四川人民出版社，1997：218.

⑤ 刘小枫. 人是祈祷的 X［A］//走向十字架上的真. 上海：三联书店，1995：98.

爱的本质，不仅是可能的，也是必要的。

前面说经还原之后，精神支配、决定着生命，而这一切所以可能者，在于精神中爱的意向。只是在爱之中，生命与精神才获得了真正的统一，生命的全部力量才最终归属于无生命实践力的精神，而且，在这个意义上，人才是"那个其行为无限'面向世界'的未知者"①。同时，也正是因为爱的趋向，才驱动着存在个体不断地脱离此在定在，朝向更高的境界，才使人不断地由此在向如在过渡，并总是处于一种临界状态：人成为或将成为超越一切生命的本质，而人自身则始终就是在生命中超越自身的意向或姿态。爱的意向根源于上帝，因此，舍勒也将人的这种超越意向定位于"祈祷的、寻求上帝的本质"：并非"人在祈祷"，因人是生命超越自身的祷告，人并不寻求上帝，而是寻求着上帝的 X。

2.2　身体 -- 自我

舍勒现象学中分别区分了五组相互对待的组合：位格－世界、自我－外部世界、身体－周围世界以及躯体身体－死的身体和心灵－身体自我，这五个组合共同构成人之为人的现象学结构。其中后四个组合都与身体相关，也是这一节里所要论述的主题，该主题与上一章谈到的舍勒现象学中的感知有密切关系。

2.2.1　身体与周围世界

身体"属于'关于某物的意识'及其种类和方式的对象领域"②。从这句话里，一方面可以看出，身体之为被给予物不同于位格，因为位格虽经现象学还原而实现，但位格只存在于行为之

---

① 刘小枫. 舍勒选集（下）[M]. 上海：三联书店，1999：1332.
② 舍勒. 伦理学中的形式主义与质料的价值伦理学（下）[M]. 倪梁康，译. 北京：三联书店，2004：486.

中，行为之不可对象化，决定了位格在任何一种意义上都不可以对象化，也都不是被给予之"对象"；另一方面，就身体的被给予方式及被给予性奠基而言，它也不同于自我及躯体身体，自我与躯体身体本质上属于感知行为被给予的对象，并且均以身体的在先被给予为前提，但身体之为"关于某物的意识"之对象，结合前文，可以想见，已经完全不属于被感知事物——确切地说，身体之被给予，属于直观之本质内涵的范畴。可也正是这样一个本质内涵，在一些理论中，被等同于外感知对象——躯体，并因此而混同于其他周围世界中的事物，对这些观点的澄清，将有助于人们从新的角度形成新的认识。

首先，需要区分"身体"（Leib）与"躯体"（Körper）。一般地，我们会不加区分地将身体等同于躯体身体，如同感知躯体那样地来"感知"身体，比如，以触摸的方式感知自己的手、腿，或者以观看的方式感知自己，等等，总之以外在器官所有可能的方式感知身体。可是，当除去关于躯体身体的外感知之后，并非一无所剩，而是还有关于身体的内意识，因此，躯体并不能囊括身体的全部内涵。而以躯体混同于身体的人们，又将关于身体的内意识之本质等同于"器官感觉"，例如肌肉感觉、痛感、痒感，等等。可如果以类似于外器官感觉的方式来界定这个内意识，并认为，内意识之感觉与外感知之感觉是质性上，或者更确切地说是，处所上的差异，那么，不但身体被消解在"心灵的和躯体的事实组成的单纯并列之中"，而且，在心灵的与躯体的事实之间的质性差异中，始终无法寻找到可直接联结起两者的同一性关联，换种方式来说，如何能将被触摸到的手、腿与感到发生某种肌肉感觉的"地方"当作是同一个事物，如何将被看到的某块皮肤与感到痛感的"地方"视为同一个事物？从这样的反证当中，或者人们不得不承认，任何人在他关于身体的内意识与外感知之间存在着某种直接的同一单位，只是因为这个同一单位，对身体的内意识与外感知才借以获得严格对应的同一关联。舍勒认为，这个同一单位不能是被感知到的躯体，而是不同于躯体的身体。

其次，需要区分身体与周围世界，这是对上段内容的进一步深化与扩展。舍勒曾对阿芬那留斯及马赫的主要思想观点给予批判，其中指出，不论他两人在细节问题上有怎样的区别，在认识论上，他们都不约而同地提出了本质相同的理论，根据这种理论，只有在身体与周围世界在先被给予的前提下才会区分出心理现象与物理现象。① 所谓身体与周围世界，说到底是感觉之复合，而感觉最终作为"要素"或心理物理中性之内容在外感知的内涵中被发现，这样，一切物理的现象连同心理的现象一起，被回溯到外器官感觉及感受特征上去，其间所谓的区别仅仅在于，同一些"要素"或内容在不同结构中的变更关系或相互依赖的秩序。相应地，内感知也最终被消解于外感知之中，而这样的结果是，身体不仅被混同于外感知之躯体，也最终混同于周围世界，并将身体与周围世界同样归属于外器官感知的范畴。但是，正如舍勒所质疑的，不论是阿芬那留斯还是马赫，也不论以之为基础的是何种要素或内容，仅仅由这种同一要素或内容的关系或秩序，就可以将其理论之出发点——"身体"与"周围世界"——区分开吗？如果不能区分开来，那谈论身体与周围世界这"两"者又有何意义呢？显然，事实并非如此。舍勒认为，存在着身体之为身体的本质规定：身体性，而且这个身体性不是以归纳的方式从各个实际的身体当中抽象所得，而是可在任何一个经验对象上通过直观被给予。凭借这个身体性，身体区别于死的躯体，并进而区别于一切必须通过感知所感知到的周围世界。

按照舍勒的解释，特定的行为种类与特定的对象种类在本质上

---

① 舍勒. 伦理学中的形式主义与质料的价值伦理学（下）［M］. 倪梁康，译. 北京：三联书店，2004：494.

相一致。① 从上面得知，存在着身体性使身体区别于其他事物，并且，只是因为这个身体，外感知的物理现象与内感知的心理现象才被统一到同一个生命个体当中，因而身体是生命有机体的本质所在；与身体相对应的行为种类就是生命行为，而与此生命行为相对应的对象相关项则是周围世界。生命行为是以身体通过感知与周围世界发生关联的。

感知，在舍勒看来，只对直观对象本身的传送方式有所规定，这种方式即身体的"身体性"。"'身体性'展示了一种特别的、质料的本质被给予性，它在每一个实际的身体感知中都作为感知的形式起作用。"② 身体性，作为身体的本质规定性，属于"本质被给予性"，通过直观——而非感知——获得，但它却又是感知的形式。感知在实现过程中须与（内、外）感官共同作用，形成知觉现象；经感知得到的被感知物无一例外地表现为感官知觉，属于感性事物。与此同时，根据前面的论述，被感知之心理现象、物理现象，可以在身体的统一性中实现同一；身体的这种统一性功能，同样适用于身体之外的其他事物，因而，类似于康德之一切杂多被意识为"我的"。在舍勒看来，经身体感知而获得的知觉现象，都伴随以身体这个"基础性的形式"，是"身体的"③：不论是心理现象、物理现象，还是其他任何的被感知者，都可以被联结于感知之身体当中，并且在保持同一的前提下，这些感官感觉才被认为是"这个"身体、而非其他身体的感知对象。也在此基础上，这些感官感觉才会依据于（后面将会提到的）共同的意义背景，以此而表达着共同的意义内涵。由此可知，经感知所感知到的都是身体－感性的，所

---

① 舍勒. 伦理学中的形式主义与质料的价值伦理学（下）［M］. 倪梁康，译. 北京：三联书店，2004：465.

② 舍勒. 伦理学中的形式主义与质料的价值伦理学（下）［M］. 倪梁康，译. 北京：三联书店，2004：487.

③ 舍勒. 伦理学中的形式主义与质料的价值伦理学（下）［M］. 倪梁康，译. 北京：三联书店，2004：492.

有这些相对于身体的感性之物统称为周围世界。

回顾上一章内容，在康德、胡塞尔与舍勒那里，感知都被认为是感性的，而且，从感知的方向、方式上都被区分为内感知与外感知，但他们之间仍有差异。康德的感知对象是感性的杂多表象，表象与表象之间互不相干，有待于先验统觉的综合，因而被感知物无意义可言，其相互之间在未经综合之前，也无丝毫的意义共通性。与康德不同，胡塞尔力图从现象学直观的思维与对象的统一性出发，赋予感知直观所予物以含义、意义，并且，他认为，内感知与外感知能够共同发挥作用，内、外感知所对应的心理之物与物理之物也可以指向相同的意义。舍勒在某些方面继承了胡塞尔关于感知及感知物的这种理解，即内、外感知可以共同进行，以及心理现象与物理现象可以表现相同的本质事实；但，又不同于胡塞尔，也不同于康德。

舍勒现象学意义下的感知，明证地指示着某个或者某些实际存在的事物，可这一点在康德认识论关于"物自体"的观点里，与其说是被认同，不如说是存疑；而在胡塞尔现象学中，感知设定了被感知者的现实存在，并认为是关于事物、事态自身的原初所予，但这一被感知者却最终要受到先验自我的制约和规定，这样做，模糊了——或者应当说是混淆了——时空中存在着的事物自身与被含义意义所规定者之间的界限，并最终将存在于时空中的事物置于受本质观念（先验自我）所规定的被动位置上。与康德、胡塞尔不同，舍勒认为，被感知的实存事物就其自身本质而言，不仅不受胡塞尔现象学意义下之含义意义的规定，而且还"不受我们的身体，因而也不受我们的'大脑'制约"，因此，在涉及周围世界之本身时，本质上并不依存于感知者；只是当其在感知中被显现出来时，作为感知行为的对象相关项，却需要经过身体感知的过滤和选择，[1] 可

---

① 刘小枫. 舍勒选集（上）［M］. 上海：三联书店，1999：157.

即便如此，这里的感知，一方面已不同于胡塞尔现象学里带有明显经验主义特性的感知直观，另一方面，被感知者也不再会受到任何的主体性的规定，就此而言，与身体相对待的、被感知到的周围世界，作为经身体中介而被感知到的感性统一物，既不能被等同于任何一种存在于时空中的事物，也不是被主体规定了的、主观的或心理的东西。与此同时，身体之本质规定性——身体性，与心理、物理特质无涉，这决定了身体与周围世界一样，不可被简单地划归于心理的或物理的事物。正是由于这些原因，身体－周围世界的划分，属于心理物理中性，不是心理－物理式的划分。至于心理与物理的划分，只是因感知的方向与形式的区分，才会出现，对身体及相关事项也不例外。

2.2.2 外感知与内感知下的躯体－身体与心灵－身体自我

当身体成为被感知的对象时，会相应地形成两种"科学"，这就是"身体"和"躯体"，对应于心灵身体与躯体身体。

躯体身体经由外感知被给予，是无生命的、死的身体，这在前面已有提及。不过，这个被外感知所感知到的躯体，与其他一切外感知事物一样，都不是物理学或生理学意义上的现象类别，同时，外感知事物也不因人为的思维性的释义或人的自然属性之规定，而被认为是存在着的事物。舍勒认为，受物理学和生理学或其他类型制约的现象类别的划分，是在"外感知现象"或"物理现象"的范畴内部进行的人为的（或即思维的）划分，而就其作为外感知所给予的（物理）现象这一层面而言，实质上却没有任何差别；而且，在每一外感知的行动中，被外感知所感知到的事物的存在就已作为一个"自然"的存在明证地被给予①，因此，外感知的事物不仅不能被等同于物理学或生理学之类的现象，其现实存在性也不依

---

① 刘小枫. 舍勒选集（上）[M]. 上海：三联书店，1999：147.

赖于思维或身体，甚至在舍勒看来，外在世界之存在所以会成为一个问题，恰恰是因为将这种存在性归结于思维或身体，并因此而归结于"人的"乃至"主体的"相对之此在特性所造成的。

另外，从外感知行为对象之被显现为"物理现象"来看，在外感知的进行过程中，既无需"多样行动的内容之'法则性的关联'"，也"无需什么特别的'秩序'"，① 只有外知觉功能或外感官作为中介在发挥作用，通过此中介，外感知以外在感觉表现出来。知觉功能——如看、听等——的规律性，不依赖于感官特性和特定刺激的情况而确定，即使知觉功能的实现必须以感知器官存在为前提，但在感知器官存在的情况下，知觉功能发挥与否以及如何发挥却以感知行为发生的潜在背景为其决定因素，因而不能将外在感觉简单地理解为单纯的器官感觉。假设离开感知，单纯的器官感觉所得到的只是一些支离破碎的、纯粹的感觉内容，如红、硬、酸、闹等，但正是在这种通过知觉功能的中介而进行的外感知行为当中，被感知者作为一个"不确定的整体"而被呈现出来。因而，对身体的外感知，从一开始就显出的是许许多多、彼此分散却又独立地作为一个整体的躯体身体。当然，这并不是说，通过感知可以将某些感觉内容整合到一起，毋宁说是，一个完整的事物自身经感知而显现为一整体现象。与此完全相似，在内感知对身体的感知过程中，也总有一个作为整体的自我被给予。

舍勒曾区分了意识的三种形式②：其一为"关于……的意识"，包括一切带有意向性特征的意指行为，属最广泛意义上的统一的体验行为；其二为意向行为的一个完全特殊的方向和形式，也即内感知的方向和形式；其三为实在的心灵生活。意识的第一个含义下的

① 刘小枫．舍勒选集（上）［M］．上海：三联书店，1999：148.

② 刘小枫．舍勒选集（上）［M］．上海：三联书店，1999：58；刘小枫．舍勒选集（上）［M］．上海：三联书店，1999：176－177．及舍勒．伦理学中的形式主义与质料的价值伦理学（下）［M］．倪梁康，译．北京：三联书店，2004：478－480.

意向性行为所统一的对象，包括了物理的、心理的一切事物，其形式亦是最普遍的统一性形式，相比之下，内感知则是以相对于外感知之离散形式的统一形式进行的意识活动。当内感知在其与身体发生关联地进行时，始终并且必然明见地被给予的只是自我及其以自我统一的形式（"在自我中的时空相聚"的形式）获得的体验与"规定性本身的本质和个体性"①，而也只有作为这个内感知之自我的体验被给予的东西，才是心理的，也即意识的第三个含义（当意识显现＝心理之物时）——实在的心理状态，或者说，这第三个含义包含在第二个含义之中。对舍勒来说，自我是且仅是内感知的一个对象，与通常人们将"自我意识"直接等同于内感知、内意识不同，只当自我意识意谓对自我的意识时，才可与内感知相吻合，那么显然，这个意义下的自我意识在内涵上不等同于内感知。

正如外感知在现实感知过程中会有感觉功能的介入一般，内感知也并不直接达至自我及其体验，而是同样要有中介的作用，此中介即"内在感"（inneren Sinn，亦被译作"内感官""内在觉知""内识"）②。"内在感是一种事态。内在感只包含对下述情况的承认：对人而言，心理体验会成为实际上的内在感知，在人的身体状态中，每一心理体验必会设定某种有特性的变体，这种变化给身体的运动提供了确定的规律。"③ 这里需要说明舍勒在内感知与内在感（通过内感官得以实现的状态）之间所作的区分。

对于舍勒来说，纯粹的精神体验的进行完全是自在自为的，与此体验相关的直观及直观之本质内涵亦完全独立于此在身体；内感

---

① 舍勒. 伦理学中的形式主义与质料的价值伦理学（下）［M］. 倪梁康，译. 北京：三联书店，2004：504.

② 该德文词，也被译作"内感官"（如倪梁康翻译《伦理学中的形式主义与质料的价值伦理学》中第504页等）或"内在觉知"（如朱雁冰译《论他者的我》，《舍勒选集》第247页等）或"内识"（如陈氏译《情感现象学》，台北远流出版社，第297页等），该词因在不同场合下所意指者有不同侧重，故译文有所不同。

③ 刘小枫. 舍勒选集（上）［M］. 上海：三联书店，1999：152.

知在不设定身体的被给予性及不依赖于身体的表现形式的情况下，简单地说，在其以独立于身体的方式进行时，等同于内直观（内直观虽然与身体无直接关联，甚至是在摆脱身体的作用下才得以可能，但它对于每一个作为生命个体的人来说，却又必然要借助内感知演变过来，因此同属于内感知范畴，却又绝不同于内知觉），并因此而可导引出纯粹体验自身及直观之内涵。[①] 内在感与此意义下的内感知不同。作为一种事态，内在感标明内感知以之为中介，将纯粹的、精神性体验转化为心理的体验，因而这里的内感知与心理体验相对应。不过，所有的内感知都必然要通过一个"内感官（inneren Sinn）"（内在感）得以进行[②]，而一旦体验及其直观内涵被如此感知、或者说被如此感知所显现，就又必然有赖于身体，因此，通过内在感中介了的内感知行为，也必定是针对身体的活动领域及兴趣范围，对纯粹体验及其直观内涵进行了拣选与截取后的一种知觉行为。这意味着，借助于内感官，"内感知的所有不设定身体变更的内涵都始终留在'下意识'的区域中，而且借助于这个内感官，并非那些被感知到的东西本身，但却是在实际感知活动中显露自身的'现象'的被给予形式，也在分有着那种对现象的'身体'之事实来说本质性的杂多性之形式"[③]。换言之，内直观所直观之意蕴，在经内在感中介了的内知觉中，都被打上了这种知觉方式的烙印，也因此而带有知觉之对身体的依赖性征。可正是因为内感知之既区别于又可依赖于内在感的这种内涵及功能，使得导引出体验之直观内涵的内感知（或者说内直观）在与其进行过程中所依

---

① 刘小枫.舍勒选集（上）［M］.上海：三联书店，1999：151；以及舍勒.伦理学中的形式主义与质料的价值伦理学（下）［M］.倪梁康，译.北京：三联书店，2004：508.

② 舍勒.伦理学中的形式主义与质料的价值伦理学（下）［M］.倪梁康，译.北京：三联书店，2004：504.

③ 舍勒.伦理学中的形式主义与质料的价值伦理学（下）［M］.倪梁康，译.北京：三联书店，2004：504.

赖之身体相联系之时，又将此直观内涵潜在地输送给身体，并承纳于身体特定的运动意向之中，表现出特定的身体状态，前面提到知觉行为的现实进行有赖于行为中的潜在背景，所言即此；另外，统一于身体之中的心理现象与物理现象的可沟通性之根本，也在于这个作为背景的体验之直观内涵，在此直观内涵的基础上，身体的状态表现正是对心灵事实的表达域；而反过来，由于身体的限制，使作为知觉行为的内感知无法切身地达到纯粹体验内涵本身，并依身体自身的兴趣、活动需求做出选择性的吸取，这样一来，不但导致体验及体验内涵在被感知过程中发生变化，甚至其内在意蕴也会因之而失去本来面目，出现假象。这一方面说明了包含体验及其纯粹直观内涵的精神领域与此在身体的关联性，另一方面也说明了对此在身体的现象学还原之必要性，对此，前面已多有涉及。

——可以说，内在感体现了直观内涵于心理体验中之被内在地感知这样一种事态，而经此事态之发生、或曰经内在感中介了的内感知行为之进行，心理体验及其内涵最为直接地表现为个体体验之自我的体验，其中的这个"个体体验之自我""通过它的个体的体验种类本身而给每一个体验抹上特有的色调，并因此而在每一个相即地被给予的体验中一同被给予"①，众多的心理体验活动在此个体自我之中相应被聚集起来，因而作为内感知之对象的"自我"，同时也更多地"意味着这种多样性的独特统一形式"②，这一点与外感知之以杂多而离散的方式显现事物形成鲜明对比。当内感知以身体作为对象时，对在身体上发生的种种状态以这种自我的统一性

---

① 舍勒.伦理学中的形式主义与质料的价值伦理学（下）[M].倪梁康，译.北京：三联书店，2004：460.

② 刘小枫.舍勒选集（上）[M].上海：三联书店，1999：177.

形式显现出来的心理现象，就是心灵－身体自我。[①] 与外感知通过知觉功能获得的物理现象——死的躯体不同，心灵－身体自我以非物理的、无广延的显现方式表现为一具有心理活动的活的身体，并且，它与外感知之躯体身体相似，作为一个整体被给予。

需要说明一点，当身体成为感知的对象时，经外感知与内感知分别给出可作为一个整体的事物，即躯体身体与心灵－身体自我，它们分别以一个物质单位与一个心理单位而存在。但这不等于说，躯体身体与心灵身体是截然不同的两种事情。一方面，从它们共属于同一身体的角度来讲，已经是不可能的；另一方面，就从感知的角度而言也同样不可能。前面已一再指出，感知就方向上被划分为外感知与内感知，相应地，同一事物在形式上被感知为物理现象与心理现象，躯体身体与心灵身体正是外感知与内感知在感知身体时呈现出来的物理现象与心理现象，都是被感知到的身体现象，因而，它们二者之间只存在被显现形式上的差异，并无本质区分，更不属于两类事物。

2.2.3　自我与外部世界

（一）自我与外部世界

在上面的论述里，就已经涉及通过内感知给出一个个体自我（体验之自我），这个个体自我在意谓内感知统一杂多心理体验的统一性形式的同时，还与这些体验一同被给予，在此意义上，个体自我是内感知被给予的对象。正如身体因身体性而区别于周围世界，并与之形成相对待的关系那样，自我因自我性而区别于其他外在于自我的事物，并与之形成对立关系，一切以外感知的形式呈现出来

---

① 这里的"心灵"对应于英文 mind，亦对应于文中的"心理的"，与下文中出现的"心"或"情性"（heart）不同。

另外，舍勒在讲"心理体验"时，常常将内知觉行为意义下的心理体验与纯粹的精神体验相混淆，行文当中，笔者对存在着混同现象的地方依其本意加以区分，以便于理解。

的物理现象皆可归入外部世界。

不论是自我与外部世界的划分，还是躯体身体与心灵身体的划分，都是在身体之被给予的基础上，从不同层面、于感知行为中实现的，因此，至此为止所讲到相关几组结构的区分，在涉及"人"的生命存在之内涵时，其所表达的侧重点各不相同。身体属于与精神相对的范畴，这两者共同体现人的两个层面——精神层面与生命层面；而以感知的方式对身体进行感知，则会形成具有心理、物理之别的躯体身体与心灵身体的划分：躯体身体为外感知所感知之一个个独立分散的身体，而心灵身体则是经内感知而感知到的统一众多心理杂多现象之心灵－身体自我；由内感知所给出的诸多体验，伴随着一个个体体验自我的被给予，该个体自我因"自我性"而成其自身并区别于其他事物，它与（心灵－）身体自我处于本质关联之中。

舍勒认为，存在着以下本质联系："'自我性'仅仅并且唯独在某个个体自我中才展示为存在着的"，而且，"凡在这样一个个体自我被给予的地方，都会有一个个体的身体一同被给予——并且与此同时也有一个身体自我一同被给予"。① 作为这个"自我"之本质规定性的"自我性"，在没有躯体身体及不设定身体性的情况下，仍可被直观给予，但却又必定存在于某个个体自我当中。经内感知所给予的个体自我，同时也可成为内感知中所有杂多体验的统一形式，其所以如此者，并不依靠其他什么秩序或关联，而是在内感知的进行中被共同统一于自我性中，因之，自我性对于"心理"这个本质来说是构造性的，它"与内感知的方向处在一个本质联系中"。② 前面曾提到，给予自我及其体验的内感知，是经内在感中

---

① 舍勒. 伦理学中的形式主义与质料的价值伦理学（下）［M］. 倪梁康，译. 北京：三联书店，2004：461.

② 舍勒. 伦理学中的形式主义与质料的价值伦理学（下）［M］. 倪梁康，译. 北京：三联书店，2004：502.

介了的内感知，与身体本质相关，故而，这里的自我也与身体本质相关，并与内感知所感知之身体——心灵－身体自我相关，可见，通过（内在感意义下的）内感知，自我、身体自我、身体（包括心灵与躯体）都一同被关联起来，并处于一种本质相关性之中，蕴含于自我性中的同一性、统一性构成了这个本质关联结合体——个体自我的本质本身，这样一来，自我在最终意义上始终是内感知的对象。当然，具有这个自我性的"自我"是一个普泛意义下的"人的自我"，依据这个自我尚不能区分开具有个性的个体存在。

在前面讲到内感知时曾说，内感知在等同于内直观或纯粹体验的情况下，具有导出纯粹精神体验及其直观之内涵的功能，这些体验及其直观内涵具有自身直接同一的特征，属于自身意识（Selbst-bewuptsein）的范畴，而这个自身意识又归属一切意识活动之缘起的精神领域。正因为内感知与这一领域的关联，使内感知不完全等同于单纯作为体验自我的体验，内感知的内涵大于内在感（与前面康德所谓之"内感"相对照）。纯粹体验及其直观内涵在内感知经过内在感的中介后，以自我的统一性形式表现出来，因此，（内）感知显现出来的众多心理体验及体验内涵之杂多，是刈这些原本就作为直接同一之物而被给予的内涵进行体验的个体方式，而个体自我在内感知的过程中对心理体验虽发挥着统一的构造性功能，但其最终可被统一者却本源于自身同一之"物"。倘若被内在感中介了的内感知行为失却了与这一自身同一之"物"的本源性的关联，那么它的自我统一的形式也将会失去其本有的意义，心理体验及内涵之杂多在此情况下，完全有可能被随意地认为是（内感知到之）自我（同一性）的整合，如康德，并因此而以这个自我为诸认识的起点，对认识对象加以规范，使对象与其本真含义脱节。

依前所论，内感知的心理体验同时也伴随着一个体验自我的被给予，这样一来，内感知事实上是作为一个体验之自我的体验进行着，在此意义下，内感知也是一种内－自我－感知，区别于一切

外 - 物理 - 感知，经后者所感知到的一切物理现象即与这个内感知之自我相对待的外部世界。其实，个体自我之与身体具有本质联系，使与身体相关的两种感知形式——内感知与外感知——亦皆与个体自我相关，而且舍勒也的确认为[①]，内感知本质上可以包含外感知。这样一来，个体自我的感知（内知觉意义下的内感知）既与内直观意义下的内感知相关联，又与外感知相关联，相应地，在个体自我对被感知事物的呈现过程中，就会表现为：或者以自身统一之体验及其直观内涵为本源，并在此基础上，经由内感知而统摄外感知及其对象，以自我统一性形式显现事物；或者在倾向于脱离直观之意蕴的同时，以外感知的形式压倒内感知的形式——趋于分离的形式——来呈现事物。从根本上来讲，这取决于精神与生命之间的关系，这一关系决定并影响着自我与身体的关系及个体自我的内感知状态，而这又意味着与身体本质相关的个体自我之对直观之意蕴是脱离、抑或是衔接：当对自我及外部世界的感知本源于精神世界（精神居主导）时，它可能以其本真意义的形式被呈现，反之，当此感知本源于身体 - 生命世界（生命居主导）时，它则以与身体的兴趣相应的含义被显现，而与这种对应于身体兴趣之含义最直接相关的，恰是以离散形式外感知到的物理现象。以外感知的形式获得物理现象，固然与内感知之获取心理现象同属感知行为，但就其与事物的意义内涵的关联上，内感知显然发挥着最为直接的作用，而且，当以外感知为主导、甚或至于取代内感知的时候，在舍勒看来，就会产生假象。

假象不同于错觉与误识，前者较之于后者更为本源。假象与真、假判断值无关，而与事物之本真相对，属于一种欺罔，真假判断既可以一种本真性认识为其基底，亦可在欺罔性认识的基础上进行；另外，假象与恰切度也完全无关，恰切度是在直观事实获得感

---

① 刘小枫. 舍勒选集（上）[M]. 上海：三联书店，1999：378；舍勒. 伦理学中的形式主义与质料的价值伦理学（上）[M]. 倪梁康，译. 北京：三联书店，2004：92.

知事物的充实时产生的符合与不符合的标准尺度，而假象之本质则在于将"'本身并不在此的东西'看似'已给予'在此"①。但是，舍勒又说，在现象学的态度下，假象可以转向事物本身之所是的本质。②

舍勒在其论文《自我认识的偶像》中，曾就人们对内感知可能产生的假象之本质根源进行分析，其中之一在于，把仅为物理世界所特有的多样性形式传输到心灵事实（包括了心理体验及其内涵）本身上去③，换言之，以外感知之物理现象的统一与杂多性形式来代替内感知之心理现象的统一与杂多性形式。外感知之多样性体现为一种"离散"现象，该现象等同地内含在时间、空间形式的物理现象中，而其所谓之"统一"形式，亦只意味着与身体相关的知觉形式，在此形式之统一下，被给予之物都要经过、并且主要地决定于身体的需求和兴趣对它们的选择。但心灵事实与此不同，根据前面几段所言，心灵事实若基于自身直接统一之体验及其内涵（当然心灵事实并不直接等同于精神本质直观之内涵），那么，关于心灵事实的内感知之表现形式即使与身体－自我相关，其行为及对象之内在意缊却还是承袭于自身直接同一的体验及其内涵，因此，即便在这样的自我心理体验当中出现有类似于图像、符号的事物，其中所含之意蕴也必定不同于离散的物理现象：心理体验之事实以近似于一部乐曲中的乐符，前涌后随般地连续显现，而此众多事实之杂多又最终统一到根源于本质内涵的"连续性"中，共同地指向同一意义。假象之所以会出现，只是因为人们丢开了这种具有共同指向之心理体验，或者更本源地在于丢开了纯粹精神体验，以外感知之离散形式取代内感知的统一性，并因此而使内感知事物呈现出看似

---

① 刘小枫. 舍勒选集（上）[M]. 上海：三联书店，1999：116.

② 转引自 Paul Arthur Schilpp, *The Doctrine of 'Illusion' and 'Error' in Scheler's Phenomenology*, The Journal of Philosophy, Vol. 24, No. 23. (Nov. 10, 1927), p. 626.

③ 刘小枫. 舍勒选集（上）[M]. 上海：三联书店，1999：176.

分离的样态。

　　舍勒还讲到另一种假象，若说前一种假象是关于形式的混淆，那这一种假象则是对现象事实本身的混淆：即将外感知事实误置入或取代内感知之意蕴。当这后一假象发生在人自身行为（一切行为）的进行及被感知过程中，就会表现出，将由体验决定、影响并因此发生变化的身体状况等同于脱离开精神体验的心理体验本身，以至于将身体状态之发生变化的原因归结于外在的物理现象。当行为从纯粹的精神体验中滑落到与身体相关的生命世界时，行为的支配力量也由精神转向身体，受身体的需求及兴趣引导，在此情况下，必然遭遇"自然"存在之外在世界，关注的目光随之而从纯粹体验本身转向与身体相关的心理体验以及心理、物理现象，或者转向身体以外的事物，纯粹体验的进行因此受到了抗拒和阻碍，而脱离纯粹体验的心理体验及其内涵也开始从统一之自我走向分散的知觉样态。比如，我意愿去打开门，意愿内容之实现，内在地指向行动之进行，因而我会自然而然地抬起手，但倘若此时，我从我的意愿中脱离开来，转向我的身体状况——抬起了的手，感知之意蕴由此从原来的意愿开门那里脱落下来，改变为对身体的感知，假象也就产生了，舍勒亦将这种从起决定作用的意义内涵上的"脱落"称为一种病态现象：由我意愿做，转而成为一种病态的犹豫——"我愿吗"以及"我能吗"之类的疑惑。

　　因此，结合前两段话可以得出结论，与假象相对照的真相就在于，将内感知可能被外感知所取代的各种因素尽可能地排除，并即便在内知觉的意义下，也使内感知尽可能地保持与纯粹直观之内涵的关联，并以此来统领外感知行为，只有这样内外感知才能在意义内涵的前提下真正地实现统一，并使被感知事物以其自己本来的面目被显现出来。对自我是这样，对外部世界亦是这样。

　　从这里也可看出，与内感知直接相关的自我之心理体验是关联外部世界与直观体验及其内涵的中间项，也是从心灵世界滑向（单纯以外感知所感知的）外部世界或由此外部世界回归心灵世界的关键环节。

在自我与自我以外的世界的关系结构中，除自我与外部世界的对立，还有一对较为特殊的对立，即，自我与他者。若说前一种对立主要表现的是内感知与外感知间的关系，那么，后一种对立则主要是在与身体相关的内感知世界里自我与身体的某种分离或联合。

（二）自我与身体（分离与联合）——自我之中的自我与他者

对自我与身体的种种关联，前面已有较多论述，这里要说的是，正是因为这样一个与身体具有本质关联的自我的出现，才可能有对他者的意识，而这个他者意识在现实的感知中又对应于他者身体的存在，因而他者外在于自我，属于与自我相对待的外部世界范畴。

舍勒认为，当关于世界的直观与身体相联系的时候，直观会分裂为各种行为质性——感知、回忆、期待，对应于当下、过去、将来的行为方向。[①] 而根据前面所说，直观及其纯粹意蕴可通过内感知被导出，又可以自我统一性的形式被感知显现。因而，作为体验自我之体验的内感知在与身体本质相关时，虽显现事物于当下，却又可将行为及其相关项统一于"自我"之中：感知、回忆、期待都属于内感知的范畴，相应地，作为"当下的""过去的""将来的"而被给予者，也共同在统一之"自我"的模糊背景上显现出来。也因此，在内感知中显现出来的自我，总是"既被视为普遍的、又被视为当下的"[②]，而内感知的这种对体验之自我的意识，也就是舍勒所谓的将自我当作对象进行内感知的自我意识（Ichbewupt-sein）[③]。

---

① 舍勒. 伦理学中的形式主义与质料的价值伦理学（下）[M]. 倪梁康，译. 北京：三联书店，2004：508. 与刘小枫. 舍勒选集（上）[M]. 上海：三联书店，1999：177.

② 刘小枫. 舍勒选集（上）[M]. 上海：三联书店，1999：179.

③ 刘小枫. 舍勒选集（上）[M]. 上海：三联书店，1999：129.

由此可知，在对自我的感知行为当中，过去的体验会因自我的统一形式而"在我的自我之中"存在，内含于每一个当下体验之自我当中，但过去的体验也曾作为一个当下体验之自我，对比之下，对应于过去体验之自我会在其后的每一个当下的体验中"成为"他者。① 这种在对自我的感知行为或曰在自我意识当中的分割，出现了一个可成为不同于自我、分离于自我的"他者"，并被内感知地意识到。因此舍勒说，他者意识以自我意识为前提。② 另外，这个关于他者的意识重又作为某种意向在他者自我与他者身体的被给予行为中被充实。在舍勒看来，他人（心灵－）自我与他者身体的被给予性，完全不依赖对本己（心灵－）自我和本己身体的穿越及通达，而是以类比的方式得以实现。这也就是说，当在自我的体验中产生出对他者的意识时，鉴于他者意识与自我意识统一于自我同一性形式之中，并就自我体验及其内涵本源于作为统一整体的纯粹体验及其本质内涵而言，他者意识与自我意识以本质上相类同的方式，共属于这同一个整体体验之中，因此，对"他者"的意识类同于对"自我"的意识；也因此，当自我意识到本己自我之具有某种特定的心理体验及体验内涵，并相应地具有一个本己的身体时，在他者意识已出现的情况下，自我还将会意识到存在着一个类同于自我的他者，具体地说，意识到存在着其他与自我一样具有心灵与身体的他者，这时，他者便由他者意识转而成为外部世界中之一事物。不过，在这里，常常隐藏着某种关于自我与他者之间的认识假象。这一假象，也属于前面所说的第二类假象，只是前面所言以外感知的事实误置入内感知的意蕴，在此表现为，将产生自他人感知的事实误置入自身感知之意蕴。

如果将心灵注视的目光从外在转向内在，转向这里所说到的自

---

① 舍勒．伦理学中的形式主义与质料的价值伦理学（下）［M］．倪梁康，译．北京：三联书店，2004：512.

② 刘小枫．舍勒选集（上）［M］．上海：三联书店，1999：342.

我意识，或者会认为，所有为自我所感觉、意识到的，都是自身的感觉。其实不然。在舍勒看来，在自我与他者的认知关系之间，自然的——同时也是假象的——方向是，将他人感觉当作自身感觉。①一般地，我们首先生活于其间的环境，决定了我们最初在认知、感觉上的价值取向，而在我们每个人自身的感觉中，最先发觉到的也是那些与我们生活于其中的社会中人的感觉方向相符的感觉。这也就是说，在我们真正地对自身的感觉有清醒的意识之前，我们总是以他人的感觉当作自身的感觉。因而，摆脱这一假象，就意味着，从沉迷于他者意识中抽身而出，找回属于自己的自我意识，寻找到自己指向外在事物本质及他者本质并最终指向一切事物之本质的本原方向，而这也将意味着自我从因与身体的关联而产生的分离走向属于自我同一性的统一，依前面的理解，自我同一性之统一在其内在意蕴上植根于精神世界。

这一假象其实为我们提供了认识他者的某些线索——并因而可称得上是关系到他者本质问题的真相，即，在生命之初，我们每一个人总是生活在由他者聚集而成的社会之中，或者也可以说，在自我意识觉醒之前，自我总是存在于与他者的共在关系当中，存在于从他者那里所传达来的精神世界之中。因此，他者的精神世界本就是自我所从出的一个世界，而对他者的认识，也并不像人们通常所想象的那样，或者是以自身认识移入他者之中，或者根本就是不可能的，毋宁说，这种对他者的认识，恰恰意味着向自我与他者共享之精神世界的回归。不过，其中所谓"回归"并不是单纯地从哪里来回到哪里去，因为回归本身需要借助于一定的力量，即前面所说的爱的力量，可爱所指引人所朝向的，不仅仅是一种发现，更多地还在于一种提升，这些在后面将会详细论述。

说到这里，可以看出，一方面，从纯粹外感知意义上的外在世

---

① 刘小枫. 舍勒选集（上）［M］. 上海：三联书店，1999：175.

界，到外在于自我、并具有心灵活动的他者，都与身体本质相关，表现出自我与身体的联合，而且其关联的密切程度呈递增趋势；另一方面，在对因这些事物于内感知中所引起之假象的澄清过程当中，人们会渐渐认识到，将假象排除出去最根本的途径在于，将自我自身从身体中抽离出来，并因此而从与身体相关的外在世界及分离之自我中抽离出来，转向统一的自我。

同自我与身体的联合与分离相对应的是"生活在我们的身体中"与"深深地活在自身中"①。当自我无法摆脱身体依赖性的时候，所有体验都停留于身体在某时某刻所能感知到的"现前当下"，因而，体验在时间中被分割为一个个不相关的断片，而个体自我又总是于"这一个"当下被充实，却又立刻在"下一个"当下被抽空，个体自我之中的分离在所难免；但是，当自我完全沉浸于自身之统一中时，身体世界由此而转入精神世界，原先于身体－自我中相互分离的体验全部都汇聚于到一起，成为一体，在此，所有事物以本质的形式将自己给予自身，并凭借本质的关联性凝聚为一个整体，处于精神性的、自身拥有并认识自身的自身意识当中。在讲到与感知、回忆、期待的行为质性相对应的当前体验、过去体验与未来体验的分离时，舍勒也在试图寻找它们之间的连续性。在他看来，这三者之间的连续性恰恰植根于体验内容间的意义相关性：意义的本质存在以及意义间的本质关联，使对身体本质相关的自我在时间中留下来的行为断片及其内容断片连接到了一起。而所有这些之所以可能，最终又源自精神世界中的纯粹体验及其直观之本质内涵，说到底，内感知中三种行为质性的统一及行为内容之被统一为整体，恰恰分别是对纯粹直观体验及其本质内涵的充盈。②

---

① 舍勒. 伦理学中的形式主义与质料的价值伦理学（下）［M］. 倪梁康，译. 北京：三联书店，2004：513－514.

② 舍勒. 伦理学中的形式主义与质料的价值伦理学（下）［M］. 倪梁康，译. 北京：三联书店，2004：534－535.

由此可以得出结论，在自我中对身体的取舍将决定着被给予之物的显现样态——或离散，或统一。从中亦可得知，从离散向统一意味着自我从与身体相关联的感知、回忆、期待的分离，走向这三者的联合，并最终走向使所有心理体验及自我自身得以统一的纯粹体验及其直观内涵——精神世界。

2.3　精神－位格

2.3.1　精神与世界

（一）精神与生命

前面已经讲过，在从现实存在转入到绝对存在中来时，舍勒与胡塞尔相似，都采取了现象学的还原。只是在舍勒看来，胡塞尔的还原理论在具体问题上有失周全，因为胡塞尔现象学在将世界的现实此在因素直接放入"括号"时，并未合理指明现实此在源于何种体验，并因此也无从知晓还原这一行为何以发生；即使胡塞尔指出现实此在因素是以自然科学的态度及方法而获得，但要还原现实此在，也必将追问自然科学态度与方法之所由来。对舍勒而言，这一问题的最终答案，只能在人自身处寻找。舍勒将现实此在归结为对世界的抵抗体验，而抵抗又只对我们"追求着的、对我们的集中的生命欲存在"①，换言之，只是因为生命欲的存在并以之为主导，对世界的心灵体验才会遇到阻碍。因此只有对这种生命欲的还原，才能现实可行地将现实此在置入"括号"当中，才能排除心理体验中的种种障碍，使其摆脱对身体的依赖性，与纯粹体验合一，并由此进入自在同一之精神世界。

初看起来，似乎精神与生命处于相互对峙的状态，事实上，舍

---

① 刘小枫. 舍勒选集（下）［M］. 上海：三联书店，1999：1342.

勒在关于精神与生命的早期思想里，也的确认为如此，不过，到其中、后期时，舍勒对此观点有所改变。

在 1921 年完成的一篇关于哲学人类学著作的提纲《人在宇宙中的位置》里，舍勒指出，"作为精神的精神在它的'纯'形式中，原本是没有任何'权力'、'力量'、'行动'的"①，而生命却内在地蕴含着能量，相比之下，作为较高级存在和价值范畴的精神显得孱弱了许多。凭借着生命的力量和作用，此在和偶然的所在得以设定，并因此，作为有限性存在的此在与偶在在不依附其他任何事物的情况下依然巍然挺立。作为有限的生命存在，人与植物、与其他动物是一样的。可是，人之为人的本质，并不在于其作为此在有限性的存在，而在于人的生成体现着自然之本质向更高的乃至最高的存在的升华与统一。在舍勒看来，这个更高乃至最高的存在是通过自身而存在的存在，也即精神性的存在。这种意义下的精神，显然已经不能再是纯形式的精神，因为精神必欲为实现自身而获得能量，为此，精神须与生命相结合，而这也意味着精神对生命的升华。

一切现实此在的因素都源于生命欲的存在。当现象学的还原将现实此在因素悬搁起来时，势必意味着对生命欲的悬搁。不过，舍勒认为，这种还原、悬搁不等同于消除，对生命欲的还原因而也不等同于生命欲的彻底消失。精神凭借自身的纯意志形式，将自身与其他形式（这里指生命意志形式）相区别，并因此而"拒绝"生命的任何一种违背精神意志的行为，将适合于自身的种种要求摆放在生命面前，以此来协调生命，使之以精神意志作为行动的前提，在此，精神——即使是纯粹形式的精神——压抑着却又提升了生命。

事实上，人无论在何种意义上，都既不可能是单纯的生命，也

① 刘小枫. 舍勒选集（下）[M]. 上海：三联书店，1999：1344.

不可能是单纯的精神，而总已是生命与精神的结合体。因此，既不能说在还原之前，生命占据着人的全部，而精神全无，也不能说在还原之后，只剩下了精神的存在，而生命全无，毋宁说，还原前后，发生了变化的是，生命与精神之间的所属关系。还原之前，生命处于主导位置，精神蔽而不显；经过还原，精神与生命的关系由生命对精神的支配转向精神对生命的支配。在此过程当中，精神上升到了主导性地位，而生命内在的力量也得到了保留；一方面，这意味着，生命机体所接受的外部能量从此将汇入人的精神活动领域；另一方面，这又表明，生命能量在转化到精神之中时人的精神的生成，换言之，还原之后，精神获得了能量以及它的显示能力，而获得了生命力的精神由此从沉寂之中复苏，得以彰显，成为带有意向性的行动本身。

应当指出，精神与生命的这种关系，并不意味着精神与生命是二元对立的。诚如前面已经论述的，生命行为有其存在的基质——身体，而身体是一种实体性存在，可精神非但不是实体性存在，其本身在未获得生命力之前还纯粹就是形式——即便在获得了生命力之后，精神也只是由纯形式转变成为意向性的行动本身。

（二）精神世界

精神之为行动，其最基本的表现在于观念化的本质认识。所谓"观念化"，就是"不依赖我们所作的观察的数量，不依靠归纳的结论，从一个有关的存在域得出世界的本质的构造形式。"[1] 其中的"一个"，并非数量词，它所强调的是，在任一次的观念化行为中，通过对任一个"此时此地以此方式"存在着的事项的把握，获得超越此一存在者的、关乎世界的本质。可见，本质的获得与数量无关，只与观念化行为有关。舍勒尝以佛陀圆觉的例子来说明此一行为：释迦牟尼在出家前，过着与世隔绝、无忧无虑的生活，直到

---

① 刘小枫. 舍勒选集（下）［M］. 上海：三联书店，1999：1340. 加粗部分为原文所有。

有一天他看见一个穷人、一个病人和一个死人，从中得出本质性的世界状况。在此行为当中，将观念化的本质与感性感知之此在相分离的能力，恰恰构成了人的精神活动的最根本特征，它表明，精神有能力获得关于事物的本质，获得一切事物的价值形式。这一特征是人的精神其他特征的基础。

从观念化的本质认识、这一精神的基本行为出发，舍勒对比其他动物的行为与人的精神行为，总结了关于精神本质的三方面规定。

首先，精神本质的基本规定是精神的存在的无限制、自由。动物进行的每一行为、行为中的每一种心理的、生理的状况，无不依赖并受制于生命机体，这决定了动物所能涉足其间的周围环境的区域及范围，也因此，动物在它周围的世界里所能抓住和注意到的一切，都被限制在它周围环境结构以内。与此不同，人的精神行为表现出"与对有机体的依赖性的分离性，与'生命'乃至一切属于'生命'的东西……的可分离性"① ——前面曾提到，属于生命的不仅有营养机能、本能行为，还有联想记忆、实践智慧（也即理智），如此说来，精神性行为的实现虽然需凭借来自生命的能量，但它却不以任一种生命的方式来完成，正因此，精神才可能不被局限于生命的活动范围，将其对象由与生命相适应的周围环境扩展至世界——这个世界从周围环境出发，却又超越周围环境，以像佛陀由局部感观事物得出关于普全世界之本质的方式，或者说，在舍勒看来就是以意义价值的方式显现出来，所有这些都表现出精神对世界的自由开放，世界延伸到哪里，精神行为也将会扩展到哪里，世界是精神行为的对象及相关项。

其次，关于精神本质的第二个规定在于它的对象化的存在。人，作为有限的生命存在，与其他的动物一样，都具有生命欲，并

---

① 刘小枫. 舍勒选集（下）［M］. 上海：三联书店，1999：1330 – 1331.

因此在与周围环境的交往过程中，都会遇到对外界环境的"抵抗"及其对此"抵抗"的反应；所不同者，动物只能完全消融于其中，而人却有能力把这种"抵抗"性体验及对"抵抗"的生命反应上升为"对象"，以精神性的观照（关乎事实本身的本质认识）去把握这些"对象"的实质性存在，通过本质、价值的形式呈现出来，内化到自身当中，并从自身出发，以相应的形式回应、指导生命行为。由此，因抵抗性体验而产生的现实此在因素之对生命身体的依赖性而具有的种种限制，对人的精神也就不复存在了。也因此，人在冲破周围环境界限的同时，又进而冲破了与自身紧密相关的生命界限，以高于并超越于生命的形式，协调之，并与其达于统一。

其实，精神之对抵抗体验的对象化，在某种程度上，与前面所说之现象学的还原是同一过程：精神在因其纯形式之与生命欲相区别而"拒绝"生命欲的要求时，既是精神复苏并由此获得生命力的瞬间，也是精神将生命体验对象化的一刹那，这两个过程，虽然从含义上讲有逻辑先后，并且后者较之前者也更为深入，但在现实进行中它们却是同时完成的。

经由前两方面的规定，精神分别实现了与世界、与生命的统一，但这两者之所以可能，最为根本却在于精神自身的统一，这就是精神的最后一个、也是最为重要的一个规定：精神是唯一能使自身成为对象的存在。如果说，精神对外界事物的对象化行为是外直观的话，那么，这里所谓对自身的对象化行为便是内直观，这二者在精神世界里达到统一。动物在与它的周围环境融为一体地生活时，不会意识到这一切，更不会意识它自身，它与它所处的周围环境同属于自然世界。而精神却能够将自己对象化，在觉察、认识自身的同时，也拥有自身，这种自身拥有自身的现象，与前面提到的"深深地活在自身中"相应和，在此，精神将"自我"的心理体验中每一个作为"过去""当下""未来"被显现出来的事件汇聚成一体，融入精神体验的总体内涵，但这种汇聚并不是类似于意识行为的构造性功效，毋宁说，精神的这种"集中的在自身之中的存在"，是直接的自己被给予自身的存在，而精神自身就是一个不可分割的整体，这个整体只是在遇到身体时才被分裂成彼此离散的时间断片。[①] 舍勒"把这个'自身会聚'的目的命名为精神行为中心自身的意识"，或曰"自身意识"。[②] 与"自我意识"是对与身体本质相关之"自我"的感知行为不同，自身意识是精神对自己的觉察，纯属精神性行为，与身体无涉。正因为向世界开放着的精神能够不断地转回到自身，不断地在自身中汇聚并意识到自身，人才能够不断地在新的领域里，觉察到自己，并最终认识并占有自己，这时，由精神的自身同一才转化为人的自我的同一。

如果说精神的第二个方面体现了一切关于周围环境的生命行为之奠基于精神行为，那么，精神的第三个方面则反映出关于包括他者在内的外部世界及内部世界的生命行为之奠基于精神行为；精神的这后两个方面以第一个为前提，而所有这些又共同奠基以精神的基本行为——对观念性本质的指向性行为。前面曾说意向性存在于一切行为当中，其所以然之依据也正在于此。不仅如此，联合第一章可以看到，这里所讲精神之将世界及自身对象化的功能，在某种程度上与康德智性直观的三重含义是相通的；而前述种种均已表明，认知行为与对象在无主体情况下的同一，必然借助于这些功能或含义的实现，显然，舍勒现象学为此进行了实践，到这里，才可以说，本质直观（在无需认知主体的情况下）之获知事物"本身"是有其根本依据的。

任何一个具有精神世界的人，都将由此实现对世界的意识、对

---

① 舍勒. 伦理学中的形式主义与质料的价值伦理学（下）［M］. 倪梁康，译. 北京：三联书店，2004：513-516.

② 刘小枫. 舍勒选集（下）［M］. 上海：三联书店，1999：1333. 中译文将 Selbst-bewuptsein 翻译成"自我意识"，这里为行文方便，与前面出现相同词汇处一同译为"自身意识"。Scheler Max, *Späte Schriften*: *mit einem Anhange*. Bern: Francke Verlag, 1976. S. 34.

自身的意识，并因此成为人自身。可当人们将世界对象化，将自身对象化，使自己区别于自身之外的其他一切事物的时候，又不禁会询问，所有这些已被意识到的事物是怎么回事？它们缘何被"我"如此识得？根据在哪里？而这个已意识到自身在意识的"我"自己又在哪里？"我"的根据是什么？显然，人不可能再从作为对象的周围环境及世界中获得问题的答案，可也在这个自我面向自身、却又感到缺乏其根据的瞬间，人走向了"虚无"，正是这个虚无逼迫着人们向万事万物存在的最后根基处探问："为什么存在着一个世界、一个我？"——这个问题最终还是要归入到超越一切有限性存在以及人的集中存在本身之外、通过自身存在的存在当中，这在舍勒看来，就是神圣的、独立自足的上帝。

对于舍勒来说，"上帝"不仅仅被看作是单纯宗教性质的用语，或是被用作形而上学当中的设定性词汇，而是还被理解为——或者更应当说是通过直观而认识为——宗教及形而上学的起源，换言之，一切宗教、一切形而上之思，并不是人们想入非非的结果，其所从出及所归入的渊源正在于可被直观之神圣存在——上帝。如果是这样，那么，上帝也是人的精神性行为的起源，它作为人的精神性存在不可分割的一部分，恰恰又是其中最为根本的一部分，也正因此，人的本质就在于，作为有限性的存在向着这一超越性的神圣存在的生成。

在舍勒看来，精神行为虽然从生命那里获得了行动的能量，但它之为本质的直观行为，其中对本质的意向、呈现的能力、活力，却在于根源于上帝的爱。

2.3.2 爱与认识

（一）舍勒的基督教"爱"的理念——区别于现代仁爱

尼采曾深刻揭示了近现代西方社会伦理道德的真实面目，对其所赖以成立的形而上基础进行了猛烈的抨击，不过，他将这个基础归结为以基督教价值为核心的西方传统文化，因而也将批判的矛头集中地指向了基督教本身，他甚至将基督教的核心观念"爱"斥责为根源于"怨恨"的奴隶道德。从那以后，现代西方社会中的伦理生活及意义体系日渐丧失其得以维系的形而上的根基，人与人之间凭借精神建立起来的联系让位于以利益关系为纽带的社会契约。可是，在舍勒看来，西方社会应当从基督教中寻找回意义共契的源泉。

针对尼采对基督教的批判，舍勒指出，"基督教伦理的核心并非源于怨恨的土壤"，怨恨只是现代市民伦理核心的根源。① 依舍勒的推断，怨恨是一种社会现象，其产生具有一定的社会背景："随着实际权力、实际资产和实际修养出现极大差异，某种平等的政治权利和其他权利（确切地说是受到社会承认的、形式上的社会平等权利）便会不胫而行。在这一社会中，人人都有'权利'与别人相比，然而'事实上又不能相比'"②，这样，自身在情感上会产生某种受伤害感，但又因软弱与无能而无法使受伤害感得到补偿或者释放，并就此隐忍下来，于是萌生报复心理，进而演化为嫉妒感、恼恨感、厌恶感，直至产生怨恨。但怨恨之中报复感与无能感间的紧张状态必然寻求消解的途径，此一途径就是"为受制于怨恨的心灵状态赋予某物以虚幻的价值"③，受压抑的怨恨此时转向现世，从周围世界中寻求一切可以释放并为之辩护的形式，比如，生活欢乐、荣耀、权力、财富、力量等，以此向人们显示，拥有这些便实现了"最高价值"。这是在以生命感性价值压倒精神价值，其后果便是价值的颠覆：先前为"恶"的，到这里反倒被认为了"善"，原先是最高价值的，而今却让位于最低价值。这使怨恨区别于与爱相对的恨，因恨并不是扭曲价值，而是朝向事物自身当中的

① 刘小枫. 舍勒选集（上）[M]. 上海：三联书店，1999：440.
② 刘小枫. 舍勒选集（上）[M]. 上海：三联书店，1999：406.
③ 刘小枫. 舍勒选集（上）[M]. 上海：三联书店，1999：433.

较低价值。因而了解了怨恨并不一定了解恨，但认识了爱却同时也认识了恨。——所有这些在某种程度上都被压抑、被掩盖，甚至还表现出一副"谦和""忍让"的模样来，尤其是表现出对卑贱者的"同情"与"爱"，以便彰显其渴求"平等"的姿态，可这种"平等的诉求"背后恰恰隐藏着这样的愿望，即将最高、较高价值的拥有者贬低到较低、最低价值的位置上。在这种虚假价值观的引导下，生命也被一同放置于最低价值当中，即使是在自欺欺人的虚华的掩盖下，也无法阻挡对它的轻视，即使是为了生命自身的自我保存甚或"自爱"，也无法避免对生命能量的无度耗费和自我戕害，生命因此而走向沉沦。在舍勒看来，这一切便是现代仁爱所特有的现象。

因此，对于舍勒来说，尼采将现代市民社会伦理的起源简单地归结于基督教伦理是不合理的。事实上，恰恰是随着现代市民社会伦理的兴起，基督教文化之真意才逐渐被扭曲。就此而言，基督教的核心理念"爱"，也绝不能与根植于怨恨的现代仁爱相提并论了。

不过，基督教的爱也表现出一种自下而上的追求："高贵者俯身倾顾贫穷者，美者俯身倾顾丑者，善人和圣人俯身倾顾恶人和庸人，救世主俯身倾顾税吏和罪人"①，但是，在基督教的爱当中，绝不含有为了炫耀或掩盖什么的意图，也不存在任何别的功用性目的，更不存在通过歪曲、贬低其他事物价值以抬高自身的欲求。于舍勒而言，基督教中的上帝正是依其本质地从爱中创造出世界，又因爱而降生于世，变为奴仆，并因爱世间所有善与不善之人，而面向拯救世人、替世人洗刷罪孽的命运；同样地，每一个怀有基督教爱之理念的人，或者说，每一个感受到上帝之爱并因此而领受爱的意义的人，都会以回爱的形式爱世人，并在其一切充满了爱意的俯就行动中"抵达最高境界，亦即与上帝相似"，这也是为舍勒所称

① 刘小枫．舍勒选集（上）［M］．上海：三联书店，1999：443．

道的"爱之回返运动"。"爱"始生于并成长于俯就万事万物的行动当中，但这种"爱"并不是一种反应式的行为，"爱"源自于自身，只有因爱自身而成就的行动才被接纳到至高无上的上帝的本质之中。换言之，"爱之意义只在爱本身：在于爱在心中充溢，在于爱之心灵在其爱之行为中的高贵"①，爱本身就充满了价值，作为爱的爱之自身的价值——行为价值、而非事物价值——才是"至善"。在这里，精神价值在"爱"中才获得其应有的位置，生命价值以隶属于精神价值的形式存在。正因此，在爱的感染与引导下，生命从较低价值中不断提升，真正地获得了自己的最高意义与价值，也因此，在爱之中的生命力量才与精神活力相结合，走到一起。

话到这里，仍只涉及爱的外在表现，至于爱的内在本质以及爱自下而上的运动转向的根由，则直接关系到"爱与认识以及价值与存在的一种新的奠基方式"②。

（二）爱与认识及爱的秩序

舍勒赞同这样一种观点："爱的行动既优先于认识，也优先于欲求和意愿；同时也优先于旨趣行动，此行动作为'爱'的较低级的冲动优先于感觉、想象、回忆和思维行动，即优先于一切转达图像和意义内容（'理念'）的行动。"③这意味着，虽然一切意识行动和它的对象与外部事物及其对感官的作用有关，但还与人的意愿并且最终是与爱和恨的行动具有本质的和必然的联系。前面曾讲到生命行动的规律在于直观行为及其意蕴，其中所谓之"直观行为及其意蕴"即对某物"感兴趣"以及由此而形成的意趣，生命行动当中出现的诸多现象均为对此意趣的表达，可从根本上讲，这兴趣及意趣又都本源于对该对象的爱或恨及在其中呈现出来的价值；没

---

① 刘小枫. 舍勒选集（上）[M]. 上海：三联书店，1999：451.
② 刘小枫. 舍勒选集（下）[M]. 上海：三联书店，1999：790.
③ 刘小枫. 舍勒选集（下）[M]. 上海：三联书店，1999：797.

有后者，就不会产生对某事物的感觉或观念，而在面对众多的感觉与观念的同时，也只有意趣或最终是爱或恨及其相关价值在引导着对它们进行感知的方向，影响着对它们的选择。生命行为如此，精神行为也不例外。

在舍勒看来，"对某物"感兴趣和"对某某"的爱，是为一切其他行动奠基的"最基本、最为首要的行动"，其中的"一切其他行动"不仅指感觉、想象、思维等的心理活动，而且指我们的精神活动，精神活动"在这类行动（即对某物的感兴趣和对某某的爱）中才能把握某种'可能的'对象"①。也因此，舍勒才说，意识活动中被意识到的直观对象之意义实现程度的不断提高，都是对此一对象的不断提高的意趣，以及最终是对该对象的爱的附属结果，也就是说，对于事物自身意义的意识根源于精神直观，而精神直观对于事物本身意义价值的发现，又植根于对该事物的爱。

但"爱"并不单纯是一条认识论的路线，它之所以可成为一切认识的前提、基础，更在于"爱"还具有形而上学——本体论上的意义。

"爱"自身是一种创生运动。在此运动过程中，被爱者本身以自我给予、自我显明、自我开启的方式对爱作出回应，于爱的行为当中不断地超越此在现有状态，向更高的价值存在攀升。依照前面对价值等级的描述，更高的价值将逐渐脱离感性身体的牵绊，向与世界体验相交融的精神世界回归，向事物的本真、事物所应有的本质回归。这是世界的奇迹，也是爱的奇迹：爱使人们超出实在世界的界限，伸入一切可能世界的真实本质，世界本身在此才达到自己完满的存在与价值。爱的本质就在于，爱朝向所爱之物的更高价值的方向运动，爱自身就是一种纯粹的意向性行为，而爱对世界的营造也意味着对它的本真价值的呈现。结合前面几段话，正是从爱中

---

① 刘小枫. 舍勒选集（下）[M]. 上海：三联书店，1999：799.

涌现出的价值世界决定着人的意趣，并限定、决定着人所能认识的存在，爱对于认识的优先性的奥秘就在这里，这同时更进一步地说明一切认识行为皆在最终的意义上于爱的行为的基础上获得了统一。也因此，舍勒认为，人在作为思之在者或意愿之在者之前，首先且本质地是爱之在者，每一个不断地向更高价值攀升的人都将在精神上实现着善的意义，并在此基础上，结成爱的共同体。

这里又涉及另一个概念，即"爱的秩序"。爱的本质是朝向更高乃至于最高的价值存在的，这表明在价值的等级序列里，爱所朝向的目光本应是由下至上，从最低价值到较高、更高价值，最后直至无所不爱、无所不知亦无所不愿的上帝，这也构成前面第一章里曾讲到的偏好行为的内在结构。从形式上讲，只有这种爱的依次渐进的秩序，才是严格意义下的"爱的秩序"，舍勒也将这一依据于爱的本质获得的爱的秩序称作为"上帝秩序"。可是，并不是每个人都实践着爱的本质，因而，也不是所有的人具有上帝秩序。爱的秩序因每个个体此在受其所处的时空境遇的影响不同而有所差异，因而，存在着上帝秩序的同时，也存在着"合意的爱之秩序的无序"，或称"爱的秩序的迷乱"。对于后者，最明显的表现是，较低价值取代较高价值吸引了"爱"的目光，并导致原本由低向高的价值序列的紊乱，甚至于出现价值颠覆现象。可不管怎么样，严格意义下的"爱的秩序"是每个人所本有的，至于爱的秩序的无序的原因前面已经讲得够多了。

由此可见，爱的秩序——不论是合意的还是无序的——构成了个体此在心（Gemüt 亦被译作"情性"）的世界里关于价值的结构，该结构决定着价值存在是被吸引还是遭排斥，并因此决定着个体在认识行为进行过程中对事物的呈现样态。如果说爱与认识的优先性关系表明人——所有的人——的作为爱的存在的本质，那么，爱的秩序则从个体人的角度出发，追究爱与认识的关联，表现精神世界在个体身上的沉淀。从这个意义上讲，把握了一个人的爱的秩序，也就把握住了他观世界的态度、意趣，从而也就理解了这个人本身。而这个蕴含爱的秩序于自身当中并以此形成其观世界之态度的人，便是集价值与存在于一身的位格。

2.3.3　个体性的精神 – 位格

如果说第二节是生命世界在从周围世界到自我并逐渐向精神世界的靠拢，那么，在这一节里则是精神世界在逐渐趋向于精神与生命的统一，趋向于个体的精神位格之在。

（一）位格之为存在与价值的个体化

精神在有限的存在范围内显现的行为中心，即位格（Person，也译作"人格"），故而精神中的一切皆适合于位格，位格是精神 – 位格。对人而言，位格只能是此在的位格。在舍勒看来，位格构成此在的精神本质。位格行为包含一切意向性的精神行为，即包含所有意向指向和意义充实的行为，位格因而也可被标识为具体的"关于某物的意识"，前面所讲到的爱、偏好偏恶、感受以及感知（这里并不是指纯粹的知觉行为本身，而是在感知行为中精神内涵于感知对象的、为精神直观到之内在意义价值中得到充实这一过程，该过程就其体现感知行为之奠基于精神行为而言，仍具有意向性结构，属于意向性的精神行为范畴）等，因其皆有所指，亦皆有对象相关项与其相应，故而都在位格行为之列。谈论"位格"，并不意味着将位格对象化，这一点在前面也曾提到。与精神自身给予自身、自身意识到自身一样，位格作为行为进行本身，只能存在于存 – 在（be – ing）中，"实存和生活在意向行为的进行中"[①]，因此也只能在行为进行当中——或者说在自身存在的过程中——体验自身，这是位格唯一的被给予方式。在此意义下，位格就是存在本身。

---

① 舍勒. 伦理学中的形式主义与质料的价值伦理学（下）［M］. 倪梁康，译. 北京：三联书店，2004：477.

位格亲历所有的精神体验，位格的存在就实现于精神行为的进行过程中，但位格却又是"不同种类的本质行为的具体的、自身本质的存在统一"①，为所有本质不同的行为"奠基"。一方面，位格的存在在每一个具体的行为（当然是精神行为，不过精神行为必定会反应并表现于具体行为当中）当中并通过该行为而发生"变化"；另一方面，位格本身作为整体却以隐藏在每一具体行为当中的方式来保持自身的同一。换句话说，具体行为表现各异，在行为中生成的位格因而也相应变异，可是，从位格的整体时间历程来看，所有的具体行为又都是同一个位格的行为，共同统一于同一个位格之下。这同一个位格即个体。"个体"意味着："在它任何一个有效性的情况中都切中一个独一无二的并因而有别于它者的东西"②，其中所谓切中那个使个体成为"这个"非此无它之个体的东西，正是蕴含于这个个体当中的价值质性。任何一个个体位格在其所有的具体行为中保持同一，而同时，能够使众多具体行为保持统一的也只能是"这个"区别于其他个体的个体，换言之，只是在这个个体的位格中，所有的行为才从个体的质性方向中获得了它们共同的基础，也才因此而共同表现出不同于隶属另一个个体位格之行为总体的质性差异，并以此实现自身同一。因此说，"位格的存 – 在存在于：（1）种类和性质各不相同的行为之实现中；（2）所有行为所具有的个体的'质性方向'中"。③

位格存 – 在本身揭示了个体之间必然存在着差异，而位格的行为于本质直观行为中所获取的价值及其间的关系，则构成个体间差异的实质内容。

这一节的前两部分曾讲过，精神行为凭借其内在动力——

---

① 舍勒.伦理学中的形式主义与质料的价值伦理学（下）［M］.倪梁康，译.北京：三联书店，2004：467.

② 舍勒.伦理学中的形式主义与质料的价值伦理学（下）［M］.倪梁康，译.北京：三联书店，2004：627.

③ 弗林斯.舍勒的心灵［M］.张志平，张任之，译.上海：三联书店，2006：42.

"爱"——而完成对世界的观念化的价值本质的显现，而世界的价值本质又在爱当中以由低到高的等级秩序依次排开，构成本原的爱的秩序。所有这些，在精神性的个体位格中同样存在着。但这些价值及其间的关系本身并不构成位格的价值，真正可作为位格价值的只有善与恶。当位格于爱之中由较低价值向较高价值运动时，位格存在就实现了善的价值，反之，若位格以相反的方向运动，则获得恶的价值。善与恶作为伦理价值，不在精神直观到的五个价值等级序列当中，因而也不是由直观所予之质料，善恶表征的是价值质料之间的相互关系，对此关系的认识也即伦常认识。在舍勒看来，"原初唯一可以称为'善'与'恶'的东西，……乃是'位格'、位格本身的存在，以至于我们从载体的立场出发便可以定义说：'善'与'恶'是位格价值"①，位格于自身的存在当中实现着善与恶，善与恶之为价值因而只能是位格的价值，位格是善与恶伦理价值的承载体。

位格价值虽然不直接等同于精神直观之价值及价值级序，但前者的实现却又有赖于后两者。具体地说，位格价值实现于个体位格依照爱的秩序（或因循爱的秩序的失序）而进行的行为过程中，在一切位格行为中，蕴含其中的价值及价值间的级序都在发挥着作用，位格行为也因此成为意向性的行为存在。依前所论，爱的秩序的本意在于上帝秩序，这一秩序在精神显现于位格存在的同时，转化成为存在于各个不同个体位格当中的"情性"，而每个个体位格又在可能的肯定价值（或在失序状态下表现为否定价值）的增强方向及程度上各有不同，比如，不同位格在相同或不同情境当中（前面曾讲到的价值的五个等级），从不同或相同级次向更高的（或更低的）但又彼此不同或相同的级次的面向，这看似是排列组合，可排列组合能够穷尽价值的五个等级间任意组合的总数量，却无法衡

---

① 舍勒. 伦理学中的形式主义与质料的价值伦理学（上）［M］. 倪梁康，译. 北京：三联书店，2004：31. 笔者将原译文中的"人格"改为"位格"。

量因朝向的程度或者说价值实现的程度之深浅而造成的差异。舍勒将这些程度及方向上的差异放置于现象学的时间与空间之中，以个体位格于时间中的体验流与空间中的道德境遇的交叉来解释这种差异，所有这些都最终造成各个个体位格之间在情性上或者说在心的秩序上存在着的无法还原的质性差异。这是精神行为落实到人这一有限性的生命存在中的必然现象。

（二）个体在良知与懊悔中的自身觉醒——通往绝对存在与绝对价值的信仰之在

位格存在之为善恶伦理价值的载体，同时也是内含伦理道德意向的存在，此伦理道德意向（也就是爱的秩序的结构）的确定有赖于位格的伦常认识或曰伦常明察，伦常认识便是对什么是善和恶的意向性认识，是一种"处在义务意识和良知之间的伦理认识活动"[1]。鉴于义务带有明显的强迫性和盲目性，舍勒更倾向于将伦理认识定位在良知的自由行动上。[2]

从根本上讲，良知是个体性的行为，良知的作用更多地在于它的否定性功能。个体位格于直观到的价值以及自身对价值的感受的基础上，自由地听取良知的呼唤，形成"对我来说是善"的道德明察，并"在这个自在的善的特殊质料内涵中包含着一个被体验到的对我的指明"，换言之，这个特殊的伦常明察在发生时恰恰就是对我发出的呼唤，而听到这个呼声的人也必然回应以"你是为我的"，从中与对特定价值内涵的意识一同建立起对个体位格之"我"的自身意识。[3] 这一点，广义地讲，适合于任何一种价值性的体验。

在舍勒看来，在个体位格采取理性的行为解决道德冲突之前，

① 倪梁康."伦常明察"：舍勒现象学伦理学的方法支持 [J]. 哲学研究，2005，(1)：57-66.

② 倪梁康."伦常明察"：舍勒现象学伦理学的方法支持 [J]. 哲学研究，2005，(1)：57-66.

③ 舍勒. 伦理学中的形式主义与质料的价值伦理学（下）[M]. 倪梁康，译. 北京：三联书店，2004：598.

良知就已前理性地对不应做之事的否定价值予以否定，良知行动的自由正体现于它所依据的是且仅是个体位格所体悟到的价值自身及价值间的秩序，这样恰恰"可以使人提防所有可以想象的、在普遍的规范、法律以及命令中潜藏着的理性要求的虚假性"。[①] 但是，无可否认，因个体位格间存在着的差异，使对价值秩序的个体性把握及对善与恶的认知迥然相异，故而在这当中，不可避免地会产生良知欺罔。当然，这同时也不排除某一个个体位格获得客观的伦理认识：舍勒承认位格间在伦理认识及良知上可能存在着共性，但显然他并不认为共性是伦理认识的必要条件。[②] 这样看来，良知对于个体位格的具体行为对客观价值秩序的偏离，似乎显得有些无能为力，不过，良知的否定功能又在一定程度上起到了"纠偏"的作用。

舍勒在关于人的自我认识当中，经常会讲到否定性的认知方法，在此，良知亦不例外。良知的呼唤并非是正面的告知："我应该做什么"，而是儆戒式的劝阻："我不应该做什么"。舍勒关于否定方法的理解曾这样讲道："否定不应当规定或者甚至在意义上阐明所寻找的对象是什么，而只应当通过逐渐的剥离使对象显露无遗。正是基于这种理由，这在技法上……毋宁是一种对'错误趋势'的排斥、抑制、'救治'，"[③] 这样做促成了良知最大限度地达到或无限地接近于道德的逻各斯、爱的秩序。这仿佛是在说，真正的爱的秩序总已是在"那里"了，而对它的认识只在于擦亮人自己的眼睛——其实这又回到了类似于前面讲到的"还原"上面，这是对人的心灵的净化。良知的否定功能与这种否定方法的作用同样，它使得个体位格在不断地自我反省、纠正错误的过程中，能够不断

① 弗林斯. 舍勒的心灵［M］. 张志平，张任之，译. 上海：三联书店，2006：49.
② 倪梁康. "伦常明察"：舍勒现象学伦理学的方法支持［J］. 哲学研究，2005，（1）：57－66；舍勒. 伦理学中的形式主义与质料的价值伦理学（下）［M］. 倪梁康，译. 北京：三联书店，2004：598－603.
③ 刘小枫. 舍勒选集（下）［M］. 上海：三联书店，1999：748.

地调整自己对价值及其秩序的认识，逐渐地接近客观的伦理道德之意向所在，即便是在位格已陷入假象、欺罔当中，也还有可能促使其返回到通往真实的道路上来。

位格的价值与存在在良知行为中的个体表现在懊悔处更为明显。懊悔是良知行为的一种。与良知更多的是通过否定以接近客观的价值秩序或接近个体所应有的、更完满的乃至于绝对的价值存在略有差异，懊悔直接指向个体的负罪之在，并因此是对位格的欠罪行为的否定的意向性感受。① 不过，通过懊悔行为，个体位格同样朝向着绝对的价值存在。

舍勒区分了"存在懊悔"与"行为懊悔"。行为懊悔针对个体于过去某一时间段上发生的"恶行"，并对之产生懊悔情绪。但这种懊悔行为无法改变过去已经发生的既成事实，与此不同，存在懊悔则针对犯下罪行的存在本身——位格的欠罪或曰欠罪之在。位格是对此在个体的一切行为的抽象统一，位格超越发生于此在当下的具体行为，又涵盖其所有，在此意义上，位格"本然地能够直观个体逝去的生命的每个部分，把握其意义成分和价值成分"②，也因此位格存在表现为既包括又超越于当下以及相对于当下的过去与未来的时间流。与客观时间的单向度不同，位格存在的时间具有可回返性。位格存在的时间流呈现为一个整体，该整体以其内在的统一的价值质向，可停留在处于任一时间段上的具体行为中，统一的价值质向（隐藏于价值秩序中的善与恶）与此在当下的具体行为所蕴含的价值质向共同构成此在当下行为的品质。存在懊悔正是可穿梭于位格时间流的意向性情感，也因此，存在懊悔完全可以在相对于过去所犯罪行的另一时间段上立足于统一的价值质向重新回到过去的价值存在，也恰恰在此时，懊悔的效力产生了：通过对位格的欠

---

① 此处及以下相关于"懊悔"的部分可参见刘小枫. 个体信仰与文化理论 [M].
成都：四川人民出版社，1997：200.

② 刘小枫. 舍勒选集（上）[M]. 上海：三联书店，1999：684.

罪的质疑、悔过与否定，根除掉了罪过的根子。在此意义上，舍勒才说："一切都是可赎的，只要它是意义、价值和效应因素。"①

不论是良知还是懊悔，都既揭示了于当下存在的此在定在，也彰显出了超越此在定在的个体位格之"我在"。个体位格之"我在"中的这个"我"，是总体行为中的具体的自我结构，也即个体位格中的价值秩序，而且，正因为个体位格处于一种价值秩序之中，此在才可能由低向高地朝向更善的方向行为，也因此才会有良知的发现及存在懊悔。而从以上种种论述亦可得知，个体此在必得通过良知及懊悔才能实现道德存在层次的提升：从良知的发现及懊悔的发生中，此在个体更为深重地窥探到自身的卑微乃至于自身之为欠罪之在的事实——最为沉重的痛苦莫过于此，可最为深刻的懊悔亦将欠罪的重重负累从此在身上驱逐开，还之以向善的自由。舍勒将良知的呼唤和完整的懊悔体验置入形而上的宗教意义中。在良知的呼唤里，此在已将信仰的目光朝向至善的上帝，而经过完整的懊悔体验，个体此在宛若经历一番洗礼后获得了重生，个体位格由此而超越此在经验，进入绝对之域，浸入万事万物力量的源泉——上帝的存在当中。或者更应当说，只是因为这样一个上帝的存在，个体位格才会倾听到良知的呼唤，懊悔行为所针对的欠罪之在的对立面——神圣价值，才有了最后的来源。在此意义上，人的本质又在于他朝向一个蕴含着绝对的存在与绝对的价值之上帝的信仰之在，换言之，人本质上是形而上学的宗教人。

（三）个体位格与总体位格

正如位格在纯粹体验流的整体背景上发现内感知之心理体验、又在自然的背景中并且作为这个自然的一部分而发现外感知的对象一样，位格本身"在它的每一个行为进行中也是作为某一种广泛的

---

① 刘小枫. 舍勒选集（上）［M］. 上海：三联书店，1999：682.

位格共同体的成员而在自身体验活动中被给予的"①。

位格共同体作为共同体一般，是通过某种信念或世界观联结在一起的精神领域，它与躯体世界的实存及设定并与心理之物的实存及设定没有关联，属于心理物理中性。按照舍勒——世界是位格的意向行为相关项——的观点，在个体位格参与彼此之在的社群行为——即个体位格间的理解②、特别是相互一同体验的行为（作为理解一个变种）——中，一个作为所有体验之总体内涵的共同体世界或总体世界被给予，而与此共同体世界、总体世界相应的意向行为之中心即位格共同体或总体位格。③ 总体位格的总体性"在其时间性的延展中叫做'历史'，在其同时性的延展中叫做社群单位"，最终，社群单位构成了一个"永远无法终结的总体性"。④ 当然，只要"社群"这个概念所标识的仍是"最为普遍的和最无分异的人之联合"，那么就不是所有的"社群"单位都可称得上这里所说的、与总体位格之统一相一致的社群单位。⑤ 就后者而言，从本质上讲，每一个社群单位都包含着作为单个个体位格而隶属于它的成员，同时却又是某个具体的总体位格的局部凸现；相似地，总体位格也可以既指集体性位格，又指个体性位格，作为后者，一个总体位格同时也是另一个包含着它的总体位格的成员。这种存在于总体位格"中"的个体与总体之间的成员隶属关系，属于"严格的先天定律"，而这种先天性又必然会迫使人们在精神中超越每一个尘

① 舍勒. 伦理学中的形式主义与质料的价值伦理学（下）［M］. 倪梁康，译. 北京：三联书店，2004：633.

② 舍勒. 伦理学中的形式主义与质料的价值伦理学（下）［M］. 倪梁康，译. 北京：三联书店，2004：633 – 635. 及刘小枫. 舍勒选集（上）［M］. 上海：三联书店，1999：350 – 351.

③ 舍勒. 伦理学中的形式主义与质料的价值伦理学（下）［M］. 倪梁康，译. 北京：三联书店，2004：636 – 637.

④ 舍勒. 伦理学中的形式主义与质料的价值伦理学（下）［M］. 倪梁康，译. 北京：三联书店，2004：635.

⑤ 舍勒. 伦理学中的形式主义与质料的价值伦理学（下）［M］. 倪梁康，译. 北京：三联书店，2004：641.

世中的共同体，将它们理解为另一个共同体的成员，可至于这种超越的精神性意向行为能否于现世中得到充实，却是无关紧要的。①

与总体位格的被给予相同时，并作为它的另一个方面，通过上述所谓位格间的特定行为，个体位格之隶属于总体位格这一本质特性，也被彰显了出来。舍勒认为，每一个具体而有限的个体位格，都既是一个个别位格，还又是一个总体位格的成员，前者标识个体位格不依赖于总体的独立性——当然主要是形式上的，而后者却标明此个体位格对总体位格在本质上的隶属关系，而且，在后面的论述里将会看到，个体位格对自身实质性的确认，只是在位格共同体中才最终得以实现。此外，个体位格与总体位格之间的这种本质关联，还意味着，该个体不仅对它本己的个别行为负责，而且还对所有其他行为并最终对总体性行为"共同负责"；因此，个体位格也作为对这个整体而言的"共同负责者"而在这个总体性行为中被给予。个体间的共同负责作为凝聚性思想的基本原则，覆盖在以表达隶属关系的先天定律为奠基的总体位格的各个层次上，而凝聚原则的基础性渊源，以及总体位格之超越一切现象地朝向一个无限可能之精神性共同体的意向，只是在与人的作为形而上之宗教人的本质相结合时，才最终得到了阐释。这在舍勒的观念里显然是顺理成章的。

据前所述，就本质而言，人的精神性行为以爱为动力，因爱而实现，而爱本身既本源于上帝，又最终促使所爱者回返于上帝，因此人依凭着来自上帝的爱并朝向上帝。每一个沉浸在上帝之爱中的个体，都将会自觉地遵循基督教爱的律令——"你应当全心全意地爱上帝，爱你周围的人，犹如爱你自己"。因而，只有这种爱才真正架构起了凝聚思想及其基本原则：每一个个体位格，除了具有自己所招致的罪责或所"挣得"的功绩外，还分有一个不依赖于此的

① 舍勒. 伦理学中的形式主义与质料的价值伦理学（下）[M]. 倪梁康，译. 北京：三联书店，2004：635－636.

总体罪责和总体功绩；并由此而生出基督教爱的共同体，将自我的神圣化与对邻人的爱乃至于对世界的爱一同植入上帝之爱中。这个只有在上帝的光照中才能缔结而成的无限可能之共同体，是对凝聚性原则的最集中的和最高的体现，也是舍勒所谓"总体位格"的意义所在，还是他宗教信仰的理想所在。就此而言，个体位格在其本质上不仅必然地属于位格共同体，而且必将与其他个体依据共同的凝聚原则缔造共同的精神家园。

第3章 舍勒同情现象学中的主体间性

通过对舍勒关于"人"的现象学结构的分析得知，人之为人的本质在于人的精神性的位格存在。作为有限的位格，人总是具体的个体，内在于个体位格中的价值秩序构成此一个体区别于其他个体的质性差异。从价值内涵角度出发，似乎已经可以得出结论说，存在着众多的同样可称为个体位格的人，而如果结合前面关于他者意识的那一部分，这些众多的个体，应当包括了被意识到的自我与他者在内。但是，不论是对他者的意识，还是对个体位格之间不可抹杀的质性差异的领悟，都还在根本上缺少一个关于他者的存在论的依据：如果他者仅仅是被意识出来的，换言之，仅仅是在意识中被构造出来的，却并不因此而确证他者的实存性，那么显然，谈论此一个体之区别于其他个体的质性差异是没有意义的。这是一个方面，并且是主体间性里面首要的问题。另一方面，在舍勒看来，作为伦理价值载体的个体位格，其内在的价值秩序虽然起源于上帝的爱以及客观的价值秩序，但落实到每一个个体位格上时，其价值秩序的形成，却直接地相关于个体位格所在的社会、民族、历史阶段、地域环境，等等。因此，从根本上讲，人虽然是向着神圣存在的生成，但同时也是现世社会里寓居于某个共同体存在并且本质上是精神上归属于某共同体位格中的人。这一章里就主要围绕这两个方面展开舍勒关于主体间性问题的思考。

3.1 舍勒关于"他者"问题的现象学立场

3.1.1 作为对比——胡塞尔现象学中的他者问题

胡塞尔在经过现象学的还原后，走向确然明证之我思，但是他认为，所有这些都是在反思意识中才得以可能，即使是相关于事物本质的直观，其实际的发生于前反思状态下完成，也必然要在反思的意识当中被发现才是有意义的。因此，在胡塞尔现象学当中始终存在着一个反思的主体，即我思的思维主体，而且，这个反思的我思思维主体同时也还是经先验还原之后的先验的反思主体。结合前面所论，问题到这里，胡塞尔的现象学在意识领域里的建构似乎已经完成，可是，正如同笛卡尔在达到无可怀疑的我思之后、又进而从这个我思推向客观现实世界的真实性那样（当然他依据的是"上帝"），胡塞尔也必欲为此先验自我寻找其意识内容的客观性意义。

按照胡塞尔的思路，[①] 客观世界本质上与主体间性相关，并作为"一种主体间地群体化的经验"的观念相关物而寓居于主体间的本己性领域，后者是由他者到自我共同体、再由这个作为单子的自我共同体——通过"群体化地构造着的意向性"——所构造出来的同一个世界，其中包括了所有的自我，并在"人类"的意义上成为对这个世界来说的主体性。在这里，对"自我"并主要是对"他者"的构造成了所有问题的入口。

（一）关于自我与他者的构造

自我从对"他者"（此时仍是与其他事物混同在一起的陌生事物）的感知中，首先唤醒了对自身的在空间中的构造，并由此开始

---

① 胡塞尔. 笛卡尔式的沉思 [M]. 张廷国，译. 北京：中国城市出版社，2002：146–148. 以及王恒. 时间性：自身与他者 [M]. 南京：江苏人民出版社，2006：47–48.

了原初性还原。① 原初性还原或原初性抽象②，不同于以往的本质还原及先验还原，意即，先验自我将所有对我来说是陌生的（这在胡塞尔看来也等同于"客观的"）东西排除出去，还原到我的本己性领域。这是对先验自我自身的构造。在此，感知之为其他一切直观行为奠基的原则同样适用：最先被显现出来的是被感知到的自然感性之躯体；而能够发挥感知作用的功能性器官，则是区别于躯体、却又包括躯体在内的身体。经原初性还原后，唯一剩下来的"客体"便是这个身体。在胡塞尔看来，身体超出了先验自我的意识范畴，是在自我之中且为我而在的一个具有精神性的客体，属于自我的本己性领域。自我的本己领域也被胡塞尔称为"原真世界"，指涉的就是这个拥有一个"身体"的、作为心理物理统一体的具体自我。从具体自我对现实存在的经验中，可以获知，"并非一切我所固有的意识方式都属于我的自身意识的样式这样一个领域"，③在我之外，还有与我的本己的和谐系统不相一致的经验，这便是超越了本己领域的陌生经验。

陌生经验的初始阶段便是对他者的构造。④

根据前面所论，构造也即意识的意指、意向，这里与构造他者首要相关的意向行为，仍然还是感性感知及共现。感知切身地给出事物之原本，但以切身感知所获得的东西总是有限的，而共现，却可在由感知所直观到的一些部分的基础上，将与这些部分相关的事

① 胡塞尔. 笛卡尔式的沉思 [M]. 张廷国，译. 北京：中国城市出版社，2002：151.

② 胡塞尔. 笛卡尔式的沉思 [M]. 张廷国，译. 北京：中国城市出版社，2002：127. 及倪梁康. 现象学及其效应 [M]. 北京：三联书店，1994：144. 该词也被译作"原真的还原"，见张廷国译《笛卡尔式的沉思》（胡塞尔. 笛卡尔式的沉思 [M]. 张廷国，译. 北京：中国城市出版社，2002：151.）。

③ 胡塞尔. 笛卡尔式的沉思 [M]. 张廷国，译. 北京：中国城市出版社，2002：144－146.

④ 胡塞尔. 笛卡尔式的沉思 [M]. 张廷国，译. 北京：中国城市出版社，2002：146.

物之整体共同当下的显现出来。自我在对自身及自身以外的其他事物的感知，都是通过共现才最终得以完成。显然，共现所显现出来的事物之整体，并不是，而且明显多于切身感知到的原本之物，尽管如此，在胡塞尔看来，这却并不妨碍被共现者是"本原"的。"本原"虽然不是由切身感知获得的，但它同样属于感知范畴，并预设了被感知者的存在。① 胡塞尔亦将共现与相似性统觉相提并论，甚至可以说，共现本身就带有这种相似性统觉；借助于这种统觉，相似性的类比以自我本身及原真世界为参照，才使那些未曾被完整地切身感知到的事物——比如其他的躯体——显现出来。

这里通过相似性统觉进行的类比，不是一般意义下的类比推论。因为，在胡塞尔看来，每一个统觉——当然也包括了相似性统觉——都"往回意向地指明了一个'原始促创'"，通过原始促创，具有某种意义的对象首先地被构造了出来。相似性统觉正是在经验中把本原地促创出来的对象意义类比化地转递为其他新的意义，从中构造出一个具有类似意义的新的对象；② 可是，即便具备了这个现象学的直观所予性基础，相似性统觉也还必须通过"结对的联想"或"结对"才能完成构造过程。

结对的联想，简单地说就是，两个不同的显现者，在意识中以相似的统一体或以"作为一对"的形式被直观地给予，或者说被构造出来，而一旦出现这种情况，就会有一种"生动的相互的唤醒"，使其中一方所具有的意义能够在这两者中相互转递。这样一来，当对"他者"（名为"他者"，此时却并未具有"他者"的含义）的感知唤醒了我对我的身体的空间构造——即躯体——之时，在结对的联想中，我就又将我的"躯体"的意义转递给其他事物，赋予后者以"躯体"的含义。前一段里通过类比我的躯体而将其他事物共

---

① 倪梁康. 自识与反思 [M]. 北京：商务印书馆，2002：368 – 386.
② 胡塞尔. 笛卡尔式的沉思 [M]. 张廷国，译. 北京：中国城市出版社，2002：152.

现为躯体者，原因正在于此。更进一步地，结对的联想又完全可以将自我"身体"的意义转递给其他的躯体，由此而最终完成对躯体的身体化的构造。但这只意味着"另一个自我"而非他者。如何将自我与他者区别开来呢？——当自我以"在这里"的方式显现自身并意识到被构造出来的身体（恰恰是这"另一个自我"）可以以"在那里"的方式显现时，自我便完全使那个在那里显现的身体区别于在这里的本己自我，换言之，在胡塞尔看来，当自我意识到我的身体必须——不论是想象地、还是现实地——走到"那里"并以此方式显现自身才能成为"在那里"的那个身体时，在这里的自我也就与在那里的自我区别开来，使后者成为一个不同于自我的"他者"。①

（二）胡塞尔关于"他者"问题的现象学立场

经过以上分析，可以看出，胡塞尔关于他者的构造，在很大程度上，立足于他对联想的现象学阐释。

胡塞尔认为，对于现象学的构造发生行为，普遍存在着主动性的构造与被动性的发生；其中主动性的构造都"必须把某种预先给予的被动性作为最低阶段设定为前提"②，而被动性发生的普遍原则就是联想③。因而，对胡塞尔而言，联想并不是简单地将感知材料整合起来的行为，而是"一个对于纯粹自我之具体构造的某种意向本质规律性的称谓，是一个'天赋的'先天领域"，并再次强调"如果没有这个先天领域，自我本身便是不可思议的"。④ 前文中所说的共现及相似性统觉，说到底，就是在联想的被动综合里，使陌

---

① 胡塞尔. 笛卡尔式的沉思 [M]. 张廷国，译. 北京：中国城市出版社，2002：156 – 159.

② 胡塞尔. 笛卡尔式的沉思 [M]. 张廷国，译. 北京：中国城市出版社，2002：107.

③ 胡塞尔. 笛卡尔式的沉思 [M]. 张廷国，译. 北京：中国城市出版社，2002：109.

④ 胡塞尔. 笛卡尔式的沉思 [M]. 张廷国，译. 北京：中国城市出版社，2002：110.

生感知与属于原真世界的本真感知融合在一起的当下化，并与之在共感知的作用下成为一体，或者说成为"一种感知"。① 如此说来，共现、结对、联想作为一种当下化的感知，就都是直观的给予形式，按照这种解释，对陌生他者的构造过程，就同时还是对陌生他者的直观所予过程，或者至少以这种直观的在先给予为前提。

这里姑且不论胡塞尔对联想的现象学诠释是否得当，只说如果构造在此被等同于直观所予或以此直观为前提，那么胡塞尔在对待陌生他者的问题上就显然是站在了现象学立场——即以事物的明证所予为认识的依据——上的。但是，即使是在这里，在联想的先天领域里，"自我"也还是被强调突出了出来，而且，从这里出发，胡塞尔的进一步的发问及解答又将他完全引向了另一端。

被构造出来的他者，同自我一样，成为同样具有本己的原真领域的单子。面对这些众多的单子自我，问题立刻产生了：我在自己的原真领域中，如何能够实际地经验到属于他者原真领域里的——比如——躯体？难道在这两个不同的原真领域之间不会存在着一道不可逾越的鸿沟吗？② 由这样的疑问所引发的是，"在更高的阶段上对客观世界的构造性起源"进行"现象学的分析"。③ 胡塞尔认为，之所以会产生这些问题，只是因为两个原本领域被区分开了；④ 而事实上"单子的多数性是不可设想的，除非它是一种清晰地或暗含地被群体化了的多数性"⑤。于是分析的结论就是：这些单子世

---

① 胡塞尔. 笛卡尔式的沉思［M］. 张廷国，译. 北京：中国城市出版社，2002：157 – 158、166.

② 胡塞尔. 笛卡尔式的沉思［M］. 张廷国，译. 北京：中国城市出版社，2002：165 – 166.

③ 胡塞尔. 笛卡尔式的沉思［M］. 张廷国，译. 北京：中国城市出版社，2002：172.

④ 胡塞尔. 笛卡尔式的沉思［M］. 张廷国，译. 北京：中国城市出版社，2002：166.

⑤ 胡塞尔. 笛卡尔式的沉思［M］. 张廷国，译. 北京：中国城市出版社，2002：190.

界都属于一个唯一的群体化的单子大全，并进而属于包容此单子大全的、"常态"意义下的先验自我；而单个单子被感知到的客观事物，也都属于群体性地共同感知到的同一个自然、同一个客观世界。正是在此意义下，对他者的感知，说到最后，就是在这种先验自我之中的群体性的共同感受。

到此，胡塞尔对待包括他者在内的陌生事物的立场表现得更为鲜明。关于陌生事物的构造，事实上，是将先验自我的构造意向从本己领域扩展到陌生领域的途径，是对先验自我自身的一种职能及内容上的充实。不管胡塞尔怎样地试图为他的认识寻找现象学的依据，他都在最终意义上将先验自我的构造方式及机制作为一切认识（当然也包括对他者的认识）的核心及基础。

应当说，这个先验自我在经过现象学还原之后，完全可能成为一个意义的生发源地（用中国人惯用的理解方式来说的话，其实也相当于一个境界问题），而胡塞尔在后期提出的生活世界现象学也正是要为此先验自我贯注其意义生成的活力。但是，胡塞尔终究无法走出现实主义的阴影，并最终使这个先验自我沦为现实之自我，以"某个'谁'"的方式来理解它（见下文），因而也就使先验白我为现实中的"小我"所代替，并认为后者便是可以含纳一切事物（当然也包括他者在内）于自身之中的先验自我。这样一来最直接的后果便是，将先验自我封闭了起来，并进而将它的生活世界也封闭了起来，斩断了它意义生发的一切可能，扼制住了蕴含于其中的生成性活力。诚然，从每一个现实中人的眼睛里都会看到一个不同于其他人的世界，就此而言，每一个"小我"都是世界的——他自己的世界的——构造者，但这却并不可能成为以一个人——现实中人——的世界取代其他人世界，甚至于取代世界本身的理由。说到底，胡塞尔的现象学就是通过作为某个谁的"我"的眼睛看世界，以这样的"我"的方式来构造世界。

然而，在现象学里，重要的不应当是"谁"的形式、方式，而应当是内容本身、事实本身。

3.1.2　舍勒对"他者"问题的现象学立场

舍勒在"他者"问题上，表现出与胡塞尔诸多方面的不同，甚至是对立，虽然舍勒并不是直接针对胡塞尔（舍勒涉及"他者"问题的主要著作《同情的本质与形式》，出版在胡塞尔相关著作《笛卡尔式的沉思》之前很久①）。

（一）关于"自我"与"他者"

与胡塞尔对自我的态度相比，舍勒认为，"自我"在任何意义上都不可能成为行为的奠基。

胡塞尔与舍勒起先都通过内感知达至对自我的意识，并且也都在经验性心理体验的意义下来解释这个内感知之自我，但在进一步的深入过程中，他们在自我的内涵上作了不同的理解。胡塞尔在沿着意向性的结构自下而上地追溯时，经过彻底的现象学还原，使自我成为蕴含一切意义本质于自身当中的先验自我，这个先验自我与被感知到的经验自我的差别不仅在于，就自我之内涵而言，先验自我而非经验自我是自我之本质所在，而且，先验自我还是众多经验及表象得以统一的前提，在后一意义上，它与康德的先验统觉本质上是相通的。可是，舍勒认为，自我仅仅在内感知行为之进行中被给予并与之相伴随，这个自我本身并不是意义本质的源泉及所在，相反，自我及其体验、内涵本原于精神位格，并取决于精神与生命之间的关系；而且，即使将内感知被理解为（体验）自我之体验，也不能因此就认为自我是统一杂多经验及表象的前提：前面论及自我之为同一性、统一性本身，这个同一性说到底也同时还是这个体验自我之为对象的一个本质标记，换言之，自我始终都是一个被感知到的、具有同一性、统一性的对象，可一个对象又如何堪当无条

---

① 弗林斯. 舍勒的心灵［M］. 张志平，张任之，译. 上海：三联书店，2006：80.

件的条件呢？在舍勒看来，真正相关于事物、事态的还是（思维）行为本身，这个行为本身从现象学的立场上来看，根本不需要一个行为的承担者。

胡塞尔在早期著作里，也曾倾向于把自我等同于行为本身，因而也倾向于通过行为本身给出事实，但他最终还是又回到了现实性的自我，因为，对他来说，思维行为一定是某个"谁"的思维，经还原后所达到的纯粹意识也一定是某个"谁"的纯粹意识。[①] 自我作为行为的施行者，亦是自我成为认识起点的前提。与此不同，舍勒现象学将行为与对象统一于意向性当中，通过意向性行为，事实本身如其所是地显现出来："可以通过一个行为来把握，这'属于'一个对象的本质"[②]，这样不仅不再需要一个充当行为施行者的主体，而且——从前面的论述来看——还排除了将人、"自我"理解为行为主体的可能性，人在本质意义上就是行为本身。而自我之所以能够在诸多的表达中承担主语的角色，如："我在行走""我感知……"等等，也并不是因为这个内感知之"自我"在行走，在感知，而是位格在行走，在感知（位格虽为精神位格，它之为行为本身，最直接地是精神性行为本身，但位格同时也存在于生命行为当中，而且通过前面的论述可以看到，生命行为本质上是精神行为的外在表现）。只有当曾为内感知所显现出来的"自我"与进行着此行为的位格同时被位格自身意识为同一个——等价于位格之"我"的觉醒——时，才会这样说；[③] 可显然，位格作为个体的行为中心，与内感知对象的自我本身并不相同，而且内感知之自我不能自我意识，只能被位格意识到，尽管位格本身不可对象化。因此，依照舍勒的现象学观点，将自我当作认识的主体，不仅是对自

---

① 倪梁康. 自识与反思［M］. 北京：商务印书馆，2002：424 – 425.

② 舍勒. 伦理学中的形式主义与质料的价值伦理学（下）［M］. 倪梁康，译. 北京：三联书店，2004：458.

③ 刘小枫. 舍勒选集（上）［M］. 上海：三联书店，1999：371；舍勒. 伦理学中的形式主义与质料的价值伦理学（下）［M］. 倪梁康，译. 北京：三联书店，2004：467.

我、对人的一种误识，而且，以自我为认识的主体并进而以之为认识的起点，在认识中也是一种舍本逐末的做法。因为，凡以自我及与之本质相关的内感知行为为认识之前提者，皆会带上主观心理色彩，认识对象非但不能追本溯源地回到其本有的意义本质上，还会被误认作是这个内感知之自我构造的结果。同样地，以内感知之自我获得对他者的认知，实际上是被自我以其自身为参照而构造出来的他者，是自我自认为是、却并非如其所是的他者，换句话说，在纯粹的内感知之自我面前，他者——他者的存在与否及如何存在——便始终藏而不露。

不仅如此。前面在讲到对自我的内感知的假象时曾说，被感知到的自我在一般情况下，更可能是被感知到的他者，换言之，在获得对自我的"真相"的感知之前，我们更多的是对他者的感知，是对自我所归属其间的、由自我与他者共同组成的共同体的感知，假象仅仅在于将这种关于他者或对共同体的感知错误地安置在了被意识到的"自我"身上。这一现象不单单说明，我们不应当把通过这种途径获得的认知当作是对自我的认知，而且也从反面揭示了一个不可忽略的事实，即，对自我的感知（乃至对自我的认知、理解），其实更多地并且首先地就是对他者的感知（并最终是对他者的认知、理解）。

这里所谓"感知"，如果被理解为以身体形式进行的知觉行为，那么，在舍勒看来，不论是对他者，还是对自我，都还并非是对本质意义上的他者、自我的感知，因为就人的本质在于精神性的位格而言，本质意义上的他者、自我也是作为个体位格的他者、自我，而知觉行为意义下感知不能达到对本质的体认。与此同时，舍勒认为，感知行为（乃至扩展到一切生命行为及与此相关的心灵生活）本身必须以精神位格所体察到的意义价值为前提，因而，从根本上来讲，关于自我、他者的感知本质上便也必然植根于这种意义价值，并在此背景上才能得以显现，也因此，关于自我的感知根本上也本源于在他者的位格领域及共同体的位格领域的体察。

如此看来，仅就自我与他者的关系而论，非但如人们所常认为的那样：通过对自我的体认，以此为参照达到对他者的认知；反而应当倒过来：恰恰首先是对他者的感知、更确切地说是在他者位格中体察，才构成对自我的感知的前提，并且，舍勒认为，正是通过在其中不断的确认与对比，被位格所意识到并与某个体位格相同一的自我及其心灵现象，才最终得到了理解。如果是这样，那么从这里可以推知，在缺少对他者有所认知的情况下，不可能有对自我的真正意义上的理解，相应地，关于某种一般性自我（或超越论的自我）的存在及如何存在的理解便同样是某种假设。

（二）舍勒关于"他者"的现象学立场

在对待"他者"的问题上，现代思潮大多立足于经验心理学，通过"联想""类比""移情"等途径让某个体自我深入他者自我以达到对他者的认知。在舍勒看来，这种以自我深入到他者的一系列活动带有许多未经确证的假设。

经验心理学必然假设存在着可被认识的其他人和物，只有这样，在对他者进行认知时才有可被认知的对象。可是，经验心理学者在未提供被认知之他者是否存在以及如何存在的情况下，却能够对其进行以经验心理学式的认识，这又何以可能呢？原因在于，他们所认为存在着的他者，与客观时间中某一实在的、心理的经历之流相等价，该时间流由当下、过去、未来所构成，他者也分别以临在、回忆、期望之状态分属各个时间段，对他者的认知即对这些时间段上的他者之状态的认知。所有这一切又都以其可通过内感知行为被确认及随之所形成的判断为前提。这里作为对他者认知之起始点的"内感知"，更多是针对那些因心理活动行为所产生的种种状态性的反射，对此行为及功能之反射的观察及判断成为确认并理解他者的依据。

舍勒认为，经验心理学基于一种经验性的观察与归纳等方法来解释经验性的心理行为，只是一种自然科学式的解释，而舍勒所说的内感知，即使是作为一种经验性心理行为，也不是在这一意义下被理解的，至于内感知的真正含义及其功用，更非经验心理学所能获知。与胡塞尔在逻辑学领域里对心理主义的批驳相对应，舍勒的知觉理论恰恰清除了精神世界里的心理主义。上一章中关于内感知的论述以及对精神世界与经验心理学体验的划分，充分表现了舍勒这一方面的立场和观点，从中亦可得知，内感知并不完全是感觉、知觉意义下的内感知。内感知之为经验性的心理行为，在舍勒现象学中，意谓经生命－身体中介、选择了的感性行为及生理状况，依据前面的释解，这种行为及状态远远超出了对心理及外界刺激的反射或反应的范围，而自然科学中可被观察、归纳等方法获取、描述的诸行为及其状况，只是在此感性－身体的行为及其状况的基础上才得以可能，而且，内感知在舍勒现象学中的含义及功用并不止于此。舍勒反复强调应区别内感知与内在感，其用意不外乎将受制于生命－身体的心理体验及其内涵，还原或曰追溯至其本原之纯粹体验及内涵。与感性－身体相关的一切生命行为都本源于这个纯粹体验及其内涵，内感知正是介于这两者之间的事态；相应地，与内感知、与身体本质相关的"自我"，亦处于这两个世界（生命世界与精神世界）之间，这与康德、胡塞尔之认为人——自我——总是认识过程中的要素有一致之处。所不同者在于，康德、胡塞尔都局限在了这上面，使自我成为认识的主宰，因此自我成为认识对象的构造者，舍勒则认为，自我对于认识过程本身完全可以是并且应当是被排除掉的因素，因而认识过程及认识对象也可以并且应当免受认识主体的构造。

从纯粹的体验及其内涵到内感知及其内涵再到可被观察、归纳等经验活动捕获的体验及状况，在这一过程中，体验内容呈逐渐递减的趋势：全部精神－思维活动可成为对象者只是其中的一部分，而可被观察到的心理又只是这一部分中的一部分，至于运用于可重复操作之实验的就更小了。故而，即便是内感知也无法取代纯粹体验本身，更不用说是经验心理学运用的诸如观察等一系列可操作性手法了。无怪乎舍勒认为，"一切可用实验方法探知者仅仅存在于生机心理的、按照目的自动在和自动发生的范围之内，即在'自由的'、精神性的位格行为阈限之下"，而且，更为要紧的是，在舍勒看来，"整个（精神－思维之）在的领域对于经验心理学而言（不论是不是实验性的）是超理智的，这是其本体性本质所使然。"①

内感知的双重含义及功用，取决于内感知行为之与生命－身体的联系。前面在讲述这一点时曾说，当内感知与身体相联系时，会脱离关于世界的直观，分裂为（当下）感知、（过去）回忆与（未来）期待，同时，也就是在这种具有时间差异（分属各时间段）的各行为种类里，产生了区别于（当下被感知到之）自我的他者。但此时的"他者"只是从自我意识中分离出来的，换言之，这个他者是将自我感知为"仿佛是另一个人似的"的结果，是经过自我意识类比所得的关于他者的"意识"。即使这个他者，与自我一样，也被意识为一个与身体本质相关的他者，终究也还是一个被意识到的什么。也就是说，按照舍勒现象学观点的思路，通过（内）感知及与（内）感知本质相关之自我，我们只能达到一个对自我而言的他者意识，至于意识之外是否存在着这样一个他者以及这个他者如何存在，就要另当别论了。

胡塞尔也认为，被构造的他者与在过去时间段上的自我相类似，但是，他对联想的现象学阐释使他确信，这个他者并不是自我的另一种形态，而就是另一个人。可在舍勒看来，"相似性联想是以一个直接体验为基础的"②，因而，这种对联想的解释已超出其

---

① 刘小枫. 舍勒选集（上）[M]. 上海：三联书店，1999：349. 加粗部分为原文所有。

② 舍勒. 伦理学中的形式主义与质料的价值伦理学（下）[M]. 倪梁康，译. 北京：三联书店，2004：557.

为内感知行为的可能职权，相应地，通过联想的方式得到的所谓
"另一个人"也只能是无根据的。无独有偶，法国现象学家梅洛－
庞蒂也曾对联想进行了现象学的批判，① 其中指出，联想本身所进
行的意识性构造行为，其背后还有可引以为前提的东西（在梅洛－
庞蒂看来，这个前提便是"身体图式"），该前提决定联想的发生
与进行。这样，胡塞尔之认为联想是一种源始的意向性行为看法，
被再一次地动摇了，而借助于联想构造出"另一个人"的可能性及
可靠性则更是受到了质疑。

这样看来，倘若把从自我意识当中推演出来的他者意识就当成
为存在着的他者本身，那么，事实上这个他者亦只是自我意识到的
他者，同时，在缺少关于他者的存在论明证之前，这个他者亦是被
预先设定了（存在）的他者。与此观点不同，舍勒认为，我们虽然
可以从自我意识中通过类比得到关于他者的意识，但作为他者的本
己之在及他者的本己体验，却是我们的意识所无法给予的，因而其
根据也不在于自我的意识，而在于存在着的他者或者他者的存在，
可问题是，这个存在着的他者又意谓为何？换句话说，他者以何种
方式、样态被明证地给予，我们才因此而说他者是存在的？

从前面关于人的现象学结构的分析中，可以看出，可被归结为
人的本质的不是生命－身体，而是一个人的精神－位格，也即一个
人的众多行为的抽象统一，故而，确定一个人的存在不需要穿透我
的或他的身体，而是须在一种精神性的行为中才有可能，这样的行
为携带着存在者的本质事实。对于舍勒来说，一切关于它物可为获
取的信息都以对此事物之本质事实的直观体察为前提，他者也不例
外。显然，舍勒在对待他者问题的现象学立场上，始终坚持了"面
向实事本身"的原则：是本质事实而非其他，才堪任认识他者乃至
其他一切事物的依据，这一点与前面所论及之胡塞尔（当然也包括

---

① 梅洛－庞蒂. 知觉现象学［M］. 姜志辉，译. 北京：商务印书馆，2001：41－
50.

康德）截然不同。在胡塞尔那里，认识的依据、标准到最后全部都被归结于先验自我的反思性主体当中，事实本身不得不因此而成为屈居于其中、相对次要的东西。正因如此，胡塞尔的现象学才不可避免地从"面向实事本身"的初衷一步一步走陷入唯我论的困境。

3.2　对"他者"的明证及感知

既然关于自我与关于他者的认知在没有形而上学的前提下只是一种假设，既然甚或是对自我的认知也最终以对他者（以及容纳自我与他者在内的共同体）的认知为前提，那么显然，一种对他者认知之形而上学——关于他者存在之明证——也就成为解决我们这一章中所提问题的唯一出路。当然，这也是舍勒现象学相关问题的思路。[①]

舍勒在著作中几次问到，一个像"鲁滨逊"那样的人，在他未曾经验过其他同类的存在及任何迹象的情况下，是否会有关于其他他者及共同体方面的知识，以及是否会认为自己属于某一个共同体？舍勒对此提问的回答是肯定的。而且，这个问题可以扩展开来，即，不论这个"鲁滨逊"究竟指代何人，也不论这个"何人"经验过或未曾经验过其他他者的存在、现实地从属于或未曾从属于某个现实存在着或存在过的共同体，他都合乎本质地具有关于他者及共同体方面的知识，并且首要地是关于他者及共同体的存在本身具有确然明证之直观。换言之，舍勒现象学中这一关于他者及共同体的问题，并非针对某一特定共同体及某共同体中某特定成员之偶然存在的认知，而是针对共同体及他者的一般性存在的本质性认知。

依据舍勒的观点，不管什么人，他都总是在与他者的共在、也

---

① 刘小枫. 舍勒选集（上）［M］. 上海：三联书店，1999：353.

即在与他者组成共同体（关于共同体详见下文）的情况下存在着；换言之，最初在我们还没有关于自己的经验之前，就已经（就时间维度而言）存在于历史之中，（就空间维度而言）存在于一定的社会之中。因此，每一个具体的个体总是作为特定历史阶段的某个社会群体的成员而存在着，这恰恰表明一种与他者共在的关系，这种关系属于人的基本存在状态①。由此可以想见，他者与共同体本是一个问题的两个方面，言及他者也就意味着共存于同一共同体中的他者，而共同体又意味着与他者处于一种共在关系下的共同体。从这个意义上讲，关于他者之在的确证与关于共同体之在的确证是相等同的，二者相依而存。

3.2.1　关于"他者"的明证

舍勒现象学关于一个"他者"或"你"及共同体的一般性存在的论证，不论在客观上还是主观上都是先验的明证。

这一点从根本上区别于"偶在性的、观察性的、归纳性的经验"式求证。根据舍勒的理解，一个人的存在，更多地是指他的精神性的本质的存在；相应地，与作为某个体位格之他者的共在或由个体性存在所组成的共同体，精神性的纽带成为其中个体成员相互勾连的实质性依据，只是在这种关联之中，他者成为他者，共同体成为共同体，而标识这种与他者共在的关联性特征的被称为他者性或共同体性。可是，自然主义式的经验作为一种非本质性的认知，虽然也可能具有某种抽象的功能——如归纳，但归根结底却总无法摆脱相关事物的感性经验之表象，因此，通过这种经验，甚至还不足以将被经验到的某个体的身体与周围世界或外部世界区分开来——因为身体的本质为本质直观、而非此经验所给予，更不足以说明某（精神性的）位格存在，而这种甚或无法得知个体之在的经

---

① 舍勒《知识社会学诸问题》，转引自弗林斯. 舍勒的心灵［M］. 张志平，张任之，译. 上海：三联书店，2006：81.

验，又何以可能经验到个体间的共在性关联？毋宁说，自然经验所经验到的更可能是一种虚假的共同体形式。因此，一方面我们无法借助自然主义式的经验证明他者及共同体的存在；另一方面，从这里也可以看出，关于他者及共同体的明证，其实就是，对他者之作为他者的他者性或你性以及共同体之作为共同体的共同体性的精神性体察、直观。

另外，舍勒对他者及共同体的明证也不同于胡塞尔现象学关于他者的先验构造。经过前面的分析可以看到，胡塞尔为他者的构造提供了一个直观的基础，即通过联想的被动综合，他者（的存在）在先地被给予了；但是，从更为深入的现象学角度来看，联想本身尚且缺乏存在论的前提和依据，而且，即使先撇开这一点不论，在胡塞尔眼中，他者作为单个的个体性存在，也是不可能的，因为，包括自我在内的单子个体最终被消解于先验自我当中，先验自我作为群体化的大全共同体取代了个体性存在，依此看来，存在的只是一个先验自我，而没有他者。

同为现象学学派中人的舍勒，也为他者的明证提供了一个在他看来是"确定的直观基础"，即：

> "对情绪性行为，如对表现为'真实'品格的对他人之爱的行为之确定和仔细界定的空虚意识，或者未在此意识（从一个预先确定的真实本质之偶在性此在的意义上看）；对于追求行为而言，人们也许可以叫做'欠缺意识'、'未完成意识'——只要我们这位鲁滨逊在完成那些只有与可能的社会应答行为一起才能够构成一种客观内涵的精神行为和情绪行为，他便会经历到这种意识，这是符合其本质的。"①

① 刘小枫. 舍勒选集（上）［M］. 上海：三联书店，1999. 362. Scheler Max, *Wesen und Formen der Sympathie*. Bern：Francke Verlag，1973. S. 229 – 230. 加粗部分为原文所有。类似的文献亦可见舍勒. 伦理学中的形式主义与质料的价值伦理学（下）［M］. 倪梁康，译. 北京：三联书店，2004：636.

与多数从正面进行论证的学者相比，舍勒显然走了一条相反的道路，即认为，对他者存在的证明，非但不是借助于对他者的某种处于共在状态下的直接经验，反而是通过对一种不与他者共在的、欠缺性的情感体验而获得的。尽管所经验者是他者的不在场或缺失，但这却并不意味着"空无"，毋宁说，不在场或缺失，恰恰指向了某在场的事物，是在场的另一种状态。较之于以直接的经验来论证他者之在的做法，仅就被指向的事物——比如他者——而言，通过一种缺失状态反衬出他者之在，更多地排除了在直接经验中所可能发生的质疑（比如人们可能会问这个被经验者是一个"他者"吗？难道不会是别的什么东西吗？等等），因为缺失性的意向性体验直接指向的就是被体验为所缺失的那部分，即他者。不过，当然不是所有的体验都能充任此意向性体验。从引文里可以看到，能够与此处所谓"空虚意识"相对的并且在场的是一种情感意向行为，该行为表达对他者的某种情感意向——比如（在后面还会分析到的）爱、同情，等等，而这种情感意向只有在可能的社会应答行为——也即一种与他者共在的状态——中，才能获得相应的充实，或者更确切地说，才能实现并完成。这里所谓"充实"，并不意味着，针对某种观念，通过自然主义式的经验所获得的实物，给予此观念以解释或填充；相反，对于绝大多数的现象学者而言，作为事实本质的观念自身就是自存自在的，故此充实仅意味对此观念的成全与实现。而就前面关于人的本质的阐说来看，对他者一般的证明显然更主要地就是对他者位格的确证。因此，说空缺着的只是这个给意向行为以充实的"某事物"，绝不是指任何现实里的事物，但同时，也正是通过对此空缺状态的体验、感受，一种作为"他者"或"你"之领域而临在的东西——他者的一般性存在——便实实在在地于意识中被呈现出来了。

这种对他者一般的给予过程，虽没有经验主义那样的客观性，却也完全不似一种主体性的构造，更不同于在舍勒同时代里流行的一种"关于不可经验者的直感确信",而是一种"确定的自我经验"。① 与舍勒对现象学经验的描述相一致,可被意向地指向的也是可被现象学经验所经验到的,没有不被经验到却被意指的东西,在这里也是这样。对他者的空虚意识虽然是为"我"(位格之在、而非内意识之"自我")所体验到的,但却是无可置疑的、当下的纯然精神性体验,一个关于"他者"的领域在这种体验中以临在的形式被直观给予,"不多也不少",既无须经验主义式的验证,也未经(任何主体性的)反思意识的过滤。因而,不论从"客观"上还是从"主观"上来讲,以此方式给予的"他者"都是有效的。

另外需要指出的是,在舍勒看来,"他者"既可以是单子性的个体(位格),也可以是包括众多单子个体在内、同时又作为个体而存在的共同体,因此他者的一般性存在,既可以指单子个体之他者的一般性的观念本质,又可以指"一般共同体"的观念本质,这样一来也就等于在说,共同体一般同样可以在一种与他者共在的未完成的意识中被体验到、被直观到。不过,舍勒并没有像胡塞尔那样,将个体他者消解于大全共同体之中;而且,与胡塞尔之将大全共同体划归或等同于先验自我的做法决然不同,在"我"与他者及共同体的问题上,舍勒对其作了明确的区分。在舍勒看来,你的世界或者共同体世界,与其他诸如外在世界领域、内在世界领域及神性世界之类的在者之世界一样,不仅仅构成"它自身所包含着的一切偶然事实之总和",而且还是一个"独立的本质领域",并因此"作为自身中所包含着的每一可能对象之实在设定的本质整体而预先被规定为'背景'","这种……用来解释人的每一可能的'关于某物的认知'的预先规定说……为这里所提出的一般认识论构成了普遍的认识理念论前提"。② 这样,舍勒不仅保留了他者及共同体

---

① 刘小枫. 舍勒选集(上)[M]. 上海:三联书店,1999:362.
② 刘小枫. 舍勒选集(上)[M]. 上海:三联书店,1999:363.

的独立性，而且也为以后进一步地说明"我"与他者及这二者之间的关系，开辟了一条不同于胡塞尔现象学的路子。

3.2.2 对他者的感知

（一）对其他"身体"的感知

一说到对"他者"的感知，一般地，总会有人理所当然地认为，"从另一个人身上'最先'呈现于我们者只是他的躯体的表象及躯体的变化、动作等"。[①] 按照这种观点，感知是"感官感觉"——且主要是指外感官感觉——之综合，它的发生必须借助于外界事物的刺激，而这里通过感知所能给予的，只能是他者躯体的外在表象。但是，在舍勒看来，这显然是对感知的现实主义、经验主义式的理解；如果遵循彻底的现象学事实，那么无可置疑的是，人们在感知到他人的外在表象的同时，也获得了隐藏在其背后的某种含义，比如，从一个人的笑容里体会到他的快乐，从一个人哭红的双眼中感受到他的悲哀，从他者握紧的拳头看出他的威吓，从他人口齿间的发音得知他的心意，等等，所有这些都远远超出了外在躯体表象的范围，却同样可以是感知的内容。

在此，感知既可以获得外在事物之表象，又可以触及他者之心理，而所以如此者，与舍勒对感知的理解有关，这其中既包括了被感知的对象——他者的身体，也包括了感知行为本身。

据前一章所述，当一个人内在的价值秩序被体察到时，其位格之完整的精神面貌便被（非对象化地）体察到了，而同时，"他"的举手投足、"他"的音容笑貌以及"他"的周围世界也便可以以其自身所具有的本来之意义（属"他"的——而非属"我"的——意义）的形式被感知、被体认。这也就是说，一个位格存在

---

① 刘小枫. 舍勒选集（上）[M]. 上海：三联书店，1999：372. 原文有改动。加粗部分为原文所有。详见 Scheler Max, *Wesen und Formen der Sympathiet.* Bern：Francke Verlag，1973. S. 238。

的精神与生命是相统一的，并且，其生命及其行为归根到底都要受制于精神世界、接受精神的指引，因此，对一个人的认知，事实上总已是或至少已奠基于对这个作为精神与生命的统一整体之位格的体察——当然，前提是这样一个本质性存在已被直观给予。舍勒现象学中所谓的"感知"也不例外。

　　首先来说感知的对象、他者的身体。从第二章关于"身体"的一些论述里可以得知，心理、物理现象皆可统一于身体之中，因此，如果在感知身体时获得的仅仅是关于躯体的（外）感官感觉，那么，一方面，作为感知内容的身体显然在此并未得到充分的显露，比如，当知觉到面部肌肉的活动时，不会意识到这是"微笑"还是"哭泣"（即便可以冠以此名称，亦不会懂得它的内在意义），更不会想到它背后隐藏着的是快乐抑或悲哀；而另一方面，仅就被知觉到的内容而言，诸如抽动着的肌肉、覆盖在皮肤表面上的红色、弯曲着的手指以及各种不同声调的发音，等等——这些支离破碎的东西，无论外感官感觉再怎样进行，都知觉不出一个能够将这些东西整合、统一起来的事物——"身体"，当然也就更无从谈论什么"他者"的身体了。由此看来，在感知他者身体的过程中，一定是将身体的心理现象与物理现象"一同"被给予了。换句话说，通过感知，最先被给予的是他者的可直接观察到的身体之"统一的整体状态"，该整体状态以"表情"现象表现出来，它既非纯物理性质的躯体，亦非纯精神性质的心灵，却又将这两者统一到"身体"上，而且，这种直观内容即便起初并未在外感知与内感知的方向上被分解，却也已包含了"可以接受内感知与外感知的可能对象"。① 这并不是简单的说教，而是从实际的经验里能够感受到的，或者说，正是从实现的感知经验里，我们才有资格说身体是什么（或者身体呈现出了什么）。

① 刘小枫. 舍勒选集（上）［M］. 上海：三联书店，1999：392－393.

现在再来看感知行为本身。根据第二章的论述可以得知，与身体之兼容内、外现象相对应，感知作为以身体形式进行的知觉活动，通过身体的内、外感官而具有内、外感知两种形式。因此，说感知并不就等于说外感官感觉；同时，内感知除意指内感官知觉以外，还具有内直观的功能，这不仅使精神世界与生命世界被关联起来，还借此把精神世界的意义内涵输送给了生命世界。这里所谓"身体之整体状态"就是通过内感知的直观功能被给予的，而它作为直观内涵又将传递给生命的内外感知行为；根据舍勒的理解，"每一种可能的内感知行为都包含着同样可能的外感知行为，……属于外感知行为者事实上还有一个外在上'感性的'基础"①，因此，来自精神世界的直观内涵经过身体感知的中介，就又表现到了身体的内、外感知及其相应的心理、物理状态上，从而，与生命行为相关的各种经历及身体的各种状态——表情域——也相应成为了对精神世界、对纯粹体验的表达。这样看来，身体在被感知时所呈现出来的并不单单是躯体的表象，而是还包括进了内在于心灵的含义，而且，有怎么样的精神体验及状态，便具有怎么样的生命经历及状态。被感知到的身体体现了生命与精神的协调一致。总之，只是在这样的感知活动过程中，身体之为心理、物理的统一才得以呈现，而感知本身与身体也在这同一种行为之中相互得到了映证。

可接下来的问题是，关于感知的这些现象是否只能在单个个体的内部才能完成？或者说，对"他者"身体的感知应当从何谈起？这便涉及下一标题——对"他者"的感知。

（二）自我与他者的问题——对"他者"的感知

问题来自于人们的一般性识见，即我们"最先"所能感知到的只是自我及发生于自我内部的东西，至于其他人的，只能以自我为参照通过类比或移情推断出他者具有同类的自我及活动。但事实上

---

① 刘小枫. 舍勒选集（上）［M］. 上海：三联书店，1999：378.

并非如此。

从前面关于类比的相关论述可以看到，纯粹通过类比自我所得到的，非但不是另一个不同于且外在于自我的我，而且其中早已预设了另一个个体的存在；而这里，通过以上的种种说明亦可想见，在已存在着其他灵性生命的前提下，类比的运用，也只能是在此生命个体表情的内在含义无法得到确定的情况下进行的一种推断式验证。因此，不管怎样，类比推断都必须以关于他者之在的明证或预设为前提。与类比推断不同，移情并不需要预设或证明灵性生命的存在，因为移情本身就是为某事物移注生命、赋予灵性的过程。但是，对于这个过程，人们总是可以再去询问："用哪些客观资料，'生命感'之移注才是合理的？"① 同时，与类比推断的结果一样，借助于移情，我的自我将再度出现，但这个我绝非另一个他者。由此可见，一如类比不足以证明他者的存在那样，类比与移情同样也不能感知到除自我以外的其他人。——既然如此，那么，当我们在现实经验中说一种思想或情感"作为"其他人的思想或情感被经历、被感受到时，这又意味着什么呢？这是否意味着，在我们感知到自身的同时，也可以感知到自我以外的其他人——或者说将他者的自我给呈现出来——呢？而在类比自我或自我移情的方式成为不可能的情况下，又可以通过怎样的途径实现呢？这些问题，在舍勒看来，最后都可以归结到以下的问题上："'内在感知'不理所当然地是'自我感知'吗？能够从内在'感知'另一个人的我和经历吗？"② 对于这些问题，解决的关键依然是对内感知的理解。

舍勒认为，内感知之被等同于自我感知，是由于人们没有区分开内直观领域与内知觉领域，错误地将内直观等同于内知觉，以为内直观就是"从内在进行直观者感知着'自己本身'"；可其实，

----

① 刘小枫. 舍勒选集（上）［M］. 上海：三联书店，1999：369.

② 刘小枫. 舍勒选集（上）［M］. 上海：三联书店，1999：377. 加粗部分为原文所有。

"内直观是一种行为方向，我们对自己和对另一些人都能够完成属于此一方向的行为"①，只是要使自己的自我及经历与他人的自我及经历在内直观的内容中分离并区分出来——也即使自我与他者及其各自的经历被内感知所感知到或被内意识所意识到，需要一定的条件，这个条件与内感官感知、内知觉有着密切的关系。

我们从第二章里知道，可称得上是感知着自己本身或者说是自我意识的内感知，是与身体、与生命世界（包括与身体相关的周围世界）有着本质关联的内感知，而此意义下的内感知只是一种内知觉活动，与独立于生命身体才得以进行的内直观原本不是一回事。虽然身体作为一个整体是关联生命世界与精神世界的中介，但它本身同时也是"外在世界事件和显露于此一事件之上的东西的分析器"，因而也是"感知其如此在之条件，而并非其如此在本身的条件，更不是其此在的条件"②，换言之，身体本质上与知觉感知相关，但身体及与身体相关的感知却不能达到精神位格世界。

正如我们在前面已经看到的那样，对他者的意识同样需要自我意识所需之种种条件，也就是说，如果生命身体及周围世界尚未进入"我们之我所遵循的关注方向"，那么，他者与自我都不可能在内感知中作为被感知者给呈现出来。但是，这绝不等于说，而且也不可能发生的是，他者与自我在这种内感知行为里互相交叉着感知到对方，原因在于，"身体在感觉和情感上的变化不定的状态是与个体之特定的身体径直联系在一起的"③，因而也是与特定的内感知之自我径直联系在一起的。换言之，我们不能通过与身体相关的感知行为（包括内感知与外感知）获得关于他人的"被经历的身体状态（*Leib*zustände），尤其是官能感觉以及与之联系在一起的感

---

① 刘小枫. 舍勒选集（上）[M]. 上海：三联书店，1999：378. 加粗部分为原文所有。

② 刘小枫. 舍勒选集（上）[M]. 上海：三联书店，1999：384.

③ 刘小枫. 舍勒选集（上）[M]. 上海：三联书店，1999：385.

性情感"①，这种身体状态与前一部分里所谓身体的整体状态不同，前者属于身体感知之状态性感受，而后者属于直观之意向性感受，按照舍勒的理解，人们可以具有共同的意向性感受，却无法具有相同的状态性感受、相同的身体感觉。如此看来，通过感官知觉行为所能达到的只是本己之自我，所谓的"自我感知"亦是在此意义范围内进行的知觉行为；而这同时也说明了，倘若一个人主要是生活在自己的身体状态之内，那么，他对于他之外的人便始终是闭锁的。

显然，如果最先被给予的是自我，那么人们无论如何都无法走向他人；而如果内感知就是这个自我的感知，那么对于他者的感知也将是不可能。幸好，在舍勒现象学里，内感知的意义绝不仅限于内知觉，而是还包括了内直观，而通过这个内直观，会有比"自我"更优先的事物被给予。

内直观虽为内感知的一项功能，内感知也因此功能而有能力导引出纯粹体验及体验内涵，可就一定程度而言，内直观就是纯粹体验，它的进行具有相对的独立性，即不依赖任何身体的因素，纯为精神性的直观活动。这样一来，一方面，根据舍勒的观点，"'体验'是以表情现象……'直接地'在我们原初的'察觉'之中发生的"，那么显然，结合前一部分的论述可以得知，当我们将另一些人的身体状态理解为他们的"体验的表情域"时，就能够"内在地察觉"他们。② 另一方面，就纯粹体验领域之独立于身体形式、而身体形式显然与自我意识及他者意识相关而言，在内直观的范畴里，将自我与他者相互区分开来的意识就不会发生，而也恰恰是借助于这种未区分你我的——或者说既非作为自我的、也非作为他人的——直观行为，作为我的经历与他人的经历才被一同给予

① 刘小枫. 舍勒选集（上）[M]. 上海：三联书店，1999. 385. Scheler Max, *Wesen und Formen der Sympathie*. Bern：Francke Verlag, 1973. S. 249.

② 刘小枫. 舍勒选集（上）[M]. 上海：三联书店，1999：282.

了。如果将这两个方面结合起来，那么就可以说，当人们通过表情域进入与体验相关的内直观领域之后，直观并不首先获得对自我或对他者（就区别于自我而言的他者）的直接意识，毋宁说，它所直观到的"'最初'是一条对我－你漠不关心的经历之长河在流动着，它不加区别地包含着自己的和他者的东西，将之混合在一起"①；而且，正是内直观的"'给予'这个阶段为逐渐地、越来越确定地将如此'给予的'经历材料分配为'我们自身'和'其他人'，为越来越确定地接纳'自己'和给予'他人'构成共同的出发点"②。

尽管这个包括自身及他者在内的经历之整体是身体感知得以进行的背景，因而也是内感知之自我及区别于此自我之他者被意识到的背景，但既然凭借身体的知觉感知所感知到的只能是本己之我（包括自我意识及由此衍生出来的他者意识），那么，这里所谓包括在经历之整体当中、却又隐而不显的"自我"与"他者"，当然就不再是经身体感知而被感知到或"被意识到"的什么，而是实实在在具有其实质内涵的个体性存在，正是这个实质内涵为单单凭借身体的知觉感知所感知之"躯壳"填充以属于其自身的本质内容。如此说来，通过内直观而获得的就应当是一条模糊了、却又包含了自我与他者的精神位格存在之差异的河流。这种不分你我彼此的精神整体状态，也是一个他者的、共同体的精神世界，体现了个体位格间的协调统一；而对于他者的感知，事实上，首先就是对这个精神位格存在之整体的感知。如果人们从这种精神性的角度来看，那么显然，人们"最先"感知到的不是自我，而毋宁是外在于自我的他者及共同体，正如人们最初总是生活在一个他者及共同体——比如，家庭、社会、国家，等等——的精神世界里那样，他从一开始

---

① 刘小枫. 舍勒选集（上）[M]. 上海：三联书店，1999：375. 加粗部分为原文所有。亦可参见同书第 379 页。

② 刘小枫. 舍勒选集（上）[M]. 上海：三联书店，1999：374.

就处于且融入这些世界当中，并从中吸取、形成一定的意识观念，无论如何，自我在其觉醒之前始终是隐蔽着的。

从这一节里，可以看到，他者及共同体的世界成为人们认识自身的前提和起点，但是，问题并没有因此而停止。一方面，这里虽然阐述了他者的明证性，但它在最本质上还缺少一个重要的论据，即已提到的关于他者的情感意向行为，这也是通过表情现象内在地感知他者的主要依据，换言之，说明他者的可存在性及他者的可感知性的同时，还须阐明这当中是如何可能的；另一方面，就所论述到的而言，在包含了位格之整体的精神世界里，尚且有待于说明其间的种种关联及其可能性，这也关系到人们在认识自我与他者时的去向。对此，问题将转向舍勒解决主体间性问题的根本立足点——同情的现象学。

3.3   他者问题的现象学依据——同情

与胡塞尔给予他者的论证及感知的依据在于，在先验自我中的联想与群体性同感不同，舍勒针对此种种问题提出了同情的现象学。作为论据，同情的现象学彻底摆脱了胡塞尔现象学里——应当说也是人们的日常性识见里——的"自我"，避免了从自我出发构造他者、构造群体世界的诸种可能；而这同时意味着，人们可以从自我当中走出来，换一种视角来看待他者，看待周围。舍勒以此为立足点，不仅为他者的明证及感知提供了理论支持，还进一步地开辟出了通向与他者共在的共同体的境域。

3.3.1   同情的基本形式及其关联

在《同情的本质与形式》中，舍勒区分了四种同情的感受状态：共同感受（miteinanderfühlen）、同感（mitgefühl）、感受感染（Gefühlsansteckung）、一体感（Einsfühlung）。

（一）共同感受

共同感受亦被称作"直接的同感"，在此情况中，双方有着共同的感受，比如父母伫立于爱子的遗体旁，他们互相感受着同样的悲伤、"同一种"痛苦。这并不是说一方感觉到的悲痛被另一方也感觉到了，也不是说，双方彼此知道他们在感觉着同样的悲痛，因为对于共同感受而言，一方的感受与另一方的感受以及相互之间彼此的感受都不曾被——不论哪一方的——感受者所对象化、客体化。毋宁说，这是一种与他者的相互一同感受。换句话说，其中的任何一个感受者对其他的感受者而言都不是外在的，并且不约而同地感受着同一种感受。每一个处于此共同感受中的人，不仅自身就直接地经历着相同的"价值－情境"——比如悲痛，而且还对此"价值－情境"具有相同的敏感度（当然这绝不意味着共同感受直接指向价值本身）。有鉴于此，共同感受是只能发生于心灵上的相互感受。对于感官感觉不可能产生共同的感受；这一点同样适用于其他同情形式。① 共同感受是最高形式的同感。

（二）同感

同感有时也被直接等同于"同情"，强调一种参与，比如，"为"他的欢乐而同乐，"与"他的悲伤而同悲。② 在上段中的那个例子里，父母的朋友，或是孩子的其他亲人，在面对孩子的遗体时感受到了悲伤，便是同感。其中，朋友和亲人们的悲伤不同于父母的悲伤，前者更多的是对后者的一种回应性的参与。更确切地说，同感的发生必然有赖于朋友及亲人对孩子父母的悲伤有所"理解"（即一种在的参与）——但这种理解显然不必出现在父母身上，并于同时在自己的悲伤中再次地"追复感受"（Nachfühlung）了父母

---

① 舍勒. 同情的本质与形式（又译：情感现象学）［M］. 陈仁华，译. 台北：台北远流出版社，1991：13、27.

② 刘小枫. 舍勒选集（上）［M］. 上海：三联书店，1999. 285；另参见 Scheler Max, *Wesen und Formen der Sympathie*. Bern：Francke Verlag，1973. S. 19－20.

的悲伤，以达到在自己与父母之间共同的价值情感——为孩子的死而悲伤——认同；换言之，朋友与亲人的悲伤作为属于朋友与亲人的东西，首先临在于作为行为而被体验到的理解或追复感受中，而理解与追复感受所指向的却又是父母的悲伤，因此，这里面存在着——从现象学的体验的角度来看是——两种悲伤、两个不同的事实①（而这两者所以可以相互统一者在于蕴含于感受中的对同一价值的情感认同）。可见，同感包含着对其他人的某种感受（比如欢乐抑或悲伤）的意向感受，具有某种意向性的指涉。在这种意向的感受体验中，他者首先被指向，而他者的感受又在（位格）"我"的追复感受的行为基础上、作为（位格）"我"自己的体验被显现出来，以此实现与人同感的效果。

（三）感受感染

感受感染与前两种感受形式不同：它既不像共同感受那样，与他者共同分担（不只是参与）某种感受，也不具有同感的意向性指涉的功能。可以说，在感受感染中，不针对某特定的事物，也不存在个体对某事物的意向，"它只是发生在诸感情状态，即情绪之间"，并不以对他人感受状态的认知为前提。② 指出这些很重要，因为正是这种感受感染经常被人们混淆为共同感受或同感。例如，当一个人进入酒吧或节日的欢快气氛中时，这种气氛完全会将一个本来处于悲伤之中的人带入欢快之中，一种"群众"氛围在这里迅速地将一个人的个体意向吞噬，而每一个人在感染了这种气氛后，做着没有人"意愿"、也无须什么人"对之负责"的事情。简言之，这只是一种单纯的情绪感染，没有个体位格的参与，即使这个过程本身有可能有利于自觉意识或意愿的形成③。革命、公众恐慌、

---

① 张任之. 爱与同情感 [J]. 浙江学刊, 2003, (3): 29–34. 以及刘小枫. 舍勒选集（上）[M]. 上海：三联书店, 1999：286.
② 刘小枫. 舍勒选集（上）[M]. 上海：三联书店, 1999：288.
③ 刘小枫. 舍勒选集（上）[M]. 上海：三联书店, 1999：290.

暴力示威游行等就充满了这种感受感染。

（四）一体感

一体感是感受感染的极端。这里的"一体感"与胡塞尔以自我（先验自我）为中心所进行的近乎移情的一体感不同。舍勒强调，真正的一体感，是将自己的自我与他者的自我等同起来对待，"不仅他人的、有限的感受过程被不自觉地当成自己的感受过程，而且他人的自我恰恰与自己的自我被认同为一体"。① 原始人与图腾的同一，人与祖先的历史性认同，古希腊、罗马的宗教秘仪，等等，都存在着这种一体感，甚至在催眠与母亲对孩子的关爱里也不例外。在这些行为当中，一体感被无意识地包含在生命的历程当中，依其自身而非依人（位格）意愿地发挥作用，却始终不被人们所觉知。

——除以上四种基本的同情形式以外，舍勒还提到了仁爱（Menschenliebe）和非关宇宙的位格爱（akosmistische Personliebe）及恨，这在前面已多少有所描述。对于这些感受活动，舍勒还依据感受现象学的观点进一步地考察了它们的发生根源，并将此根源揭示为存在于诸感受活动之中的一种"构造上的奠基关系"。正是基于这种关系，这里所提到的所有感受形式，都可被纳入同情的经验范畴中来，我们亦可将其称为广义的同情。

（1）追复感受奠基在一体感上。追复感受，顾名思义，是对发生在先前某一时刻中的感受类型的回应性的认同，属于一种事后感受。显然，它的出现必然有赖于事先取得所认同之感受的"质性"，而后者，在舍勒看来，便存在于作为人的一种天赋能力的一体感中，即使人们可能从未对此有过亲身的体验。仿佛一个人不必亲身体验溺水者的体验，便可以追复他的感受，甚至进而产生同情，其原因便在于此。原始人之于其祖先的一体感，为后来的祖先崇拜所

---

① 张任之. 爱与同情感 ［J］. 浙江学刊，2003，（3）：29-34.

取代，便是一种对先人生命之追复感受式的缅怀；古代宗教秘仪中的一体感，也渐渐演变为戏剧艺术中对美感欣赏的追复感受；母爱中原初性的一体感，在孩子"过家家"的游戏中又以追复感受的形式再度复现，等等。

（2）同感奠基在追复感受之上，这也适用于同感的最高形式——共同感受。同感（以及共同感受——详见下文）主要是指对他者感受的某种情感功能性的指涉。这表明，同感（及共同感受）的发生必以事先知道他者的感受为前提，而他者的感受并不是在这些活动本身中被给予，相反，这些活动所能做的，只是以其情感功能意向性地指涉那些已事先存在了的他者的感受。因此，提供他者感受之质性的追复感受是在先发生的。不过，单纯的追复感受，虽给出他者的感受，却在被感受者赋以情感性的关照之前，并未与感受者的体验感受相融，这时便会发生："我能追复你的感受，却并不同情你"的现象。显然，在（狭义的）同情中，意向的感受活动与情感功能性的指涉，二者缺一不可。

（3）仁爱奠基在同感之上。在同感中，他者与自我被等而视之，这一点使同情区别于怜悯。同感摆脱了人与人之间可能存在的一切不对等关系，而它对人我平等的情感性认定，又成为自发的仁爱的先决条件。真正的仁爱，与同感一样，所面对的是全人类，其中不再有本国人外国人、君子小人、文明人野蛮人、善人恶人之分；所不同的是，仁爱更强调，它所以爱者只因所爱者其身为人，可在同感中，却没有对被同情者的这种认知。甚至于可以说，在仁爱中就已经不自觉地包含了对人之为人并区别于动物及神的价值的肯定。

（4）非关宇宙的位格（包括对上帝的爱）爱奠基在仁爱之上。非关宇宙的位格爱是将个人当作一个位格来爱，位格爱所以能够实现，依靠的是人与人之间的相亲相爱，但作为上帝的以及位格性的爱，它又截然有别于这种因其身为人而爱之的仁爱。而且，位格爱在接受了对方既有之位格性存在之后，不会像仁爱那样，"全然依靠在主动爱人者的自发性实现上，因为它也有赖于被爱者自身的'自由裁量'"①：倘若被爱者的位格自我封闭，那么位格爱便无法被直观到。不过，依据一定的原则②，在无不利因素的条件下，爱会引发一种回返的爱（Gegenliebe），故而在仁爱所缔造的相亲相爱的氛围下，位格自我获得开放，双方之间必能产生出自发性善意的纯粹互爱。

此外，舍勒认为，位格爱在性质及意义上，必定会涉及有神论，因而，仁爱也自然构成了对上帝的爱以及"在上帝之中的爱"的先决条件。在此，位格爱之区别于仁爱者表现在，位格爱本身同时也要求，一切有限的个体位格在上帝身上都应有其精神性的聚集。

3.3.2　关于同感

（一）同感及其缘起

其实，就同情的现象学而言，在众多的感受形式中，舍勒最为看重的是同感。

从上面的分析可以看出，在同情的四种基本形式中，前两种形式与后两种形式形成了同感与感受感染的分异。在舍勒看来，较之于感受感染而言，同感更可称得上是同情的感受形式，因为在同感中必然具有对他者感受的（具情感功能的）意向性指涉（在此意义上，我们可将同感及其同类和以同感为奠基的其他感受形式一并归入狭义的同情范围，而广义的同情则包括了不具有这种意向性指涉的感受感染等感受形式）。虽然如此，指涉却并不意味给予，同

---

①　舍勒．同情的本质与形式（又译：情感现象学）［M］．陈仁华，译．台北：台北远流出版社，1991：134.

②　舍勒．同情的本质与形式（又译：情感现象学）［M］．陈仁华，译．台北：台北远流出版社，1991：134.

感本身也因此并不直接给出（他者的）心灵感受。心灵感受的给予性活动属于意向的感受活动范畴，有赖于情感意向行为的感受功能的发挥。

首先，从被意向的他者的角度来看，结合第一章里及第三章此前的相关论述，在追复感受或理解当中，对他者心灵感受的意向，所针对的是展示着身体之整体状态的"表情"现象。"表情"现象在此作为被意向到的感受，与内直观体验本质相关，蕴含着某种价值，也即蕴含着不依赖人们生命身体现象的变化而变化的事物之本质。换言之，意向性感受活动与被意向的感受、表情现象之间的关联，存在于对于事物本质价值的内直观之中。正是在此基础上，众多个体性位格才可能撇开知觉身体的诸状态，于同感的经验中达到意向感受的统一和同一。另外，从感受者的角度出发，在感受者的这种意向的感受活动当中，已经蕴含了对价值及价值感受的情感认同。这一点在第一章关于意向性行为的奠基关系的论述里有所介绍。只有这样，才能保证价值及价值感受之被给予并不单单是一种认知行为，而是还具备了（作为感受行为中心的）位格的情感性的参与和融入；其实按照本质的奠基关系，这句话应当倒过来说，即，只是因为有情感性的参与，价值及价值感受才被给予、被认知，这等于在重复早已申述过的一个现象，即意向的感受活动本身就是一种情感的意向活动。这样看来，总的来说，同感现象的发生，缘起于这种具有情感性认同功能的意向感受活动，同感只是"偕同"这种活动及其结果指向了他者。因此，说同感，也就意味着，感受者的位格在介入、参与到其他他者的位格之在的某种（价值）感受，并由此达到与他者共同体验、感受的效果。①

——不仅同感是这样，而且即便是在他者（及其感受）于其中未被客体化、对象化的共同感受里，他者事实上也是以一种（对自

---

① 舍勒. 同情的本质与形式（又译：情感现象学）［M］. 陈仁华，译. 台北：台北远流出版社，1991：45－63.

我而言）潜隐的方式与自我一起相互地、共同地感受着同一种感受，更确切地说，感受者双方在未曾意识到对方及其感受的情况下，就已彼此相对独立地融入感受当中去了。前面处于共同感受中的父母，不论他们是否意识到，他们的感受其实都是分开的，就此而言，他们的相互一同感受，也就是在个体位格间的——当然同时还是对同一种感受的——相互一同参与。以同感为奠基的其他感受形式也不例外。这是同情（狭义的同情）成为关于他者明证之依据的主要原因所在，而反过来，同感及与之相关的同类感受也是进入他者位格的渠道，因而也是内在地感知他者的基本方式，不过，对他者的感知之所以能够借助表情的中介达到对你我未分之整体状态（或者说在表情与统一性价值之间之所以能够形成一定的关联），却还另外根源于与感受感染相关的同情性经验，特别是一体感，这一点在后面将会有所涉及。

（二）同感的本质——爱为同感奠基

对于爱与同感的关系，英国同情伦理学派（如亚当·斯密等）以及卢梭、叔本华等都认为，同感较爱更为根本，舍勒则坚持认为，[①] 爱是第一性的。因为，第一，爱具有一种"内在"的价值指涉；第二，爱不是一种"感受"，所有的感受——不论针对的是价值还是情境——都是接受性的、被动的，而爱却是种情性的主动表达和精神实现，即使是作为回应性的爱，也仍然是自发的、主动的，并且爱所指涉的是不可对象化的纯精神性位格。与此相对照，其一，同感并不直接指涉价值本身；其二，同感作为一种反应式的感受形式，须以事先对他者感受的知识或者说对他者感受的对象化、客体化为前提，是对这种感受的指涉。这样一来，可以看出，首先，作为一种共同体验，同感须以统一性价值及对此价值的感受为前提，这也意味着以对价值直接指涉的爱为前提；其次，一方面

---

① 舍勒. 同情的本质与形式（又译：情感现象学）[M]. 陈仁华，译. 台北：台北远流出版社，1991：189.

就其所指涉的事物而言，位格是一切身体感受的源泉，而另一方面就具有正面价值的"自发性"行为优先于"反应性"行为而言，爱优先于同感。总之，爱较之于同感更为原本。

同感依据的是某种爱，当爱完全褪去后，同感也便消失了。这里强调的是有关"实现本性"的奠基关系，并不意味着对于同感的对象，我们必先怀有爱意，而且事实上，我们常常会对一些我们不爱的人发生同感。不过，话又说回来，即便如此，同感都还是要以爱为依据的，这一情形下的爱所指涉的是"被同感者所属的一个全体（家、国、人类），或他所代表的一个普遍范畴"①。换言之，爱所指涉的现象学对象，就意向性而言，不一定要与同感的对象相吻合，但爱的实现领域决定着同感可能发生、存在的界限。这里的同感等同于人们通常理解的同情。舍勒由此得出两个结论：其一，恨不可能与同感（同情）一起出现在同一个实现过程中；其二，当爱所指涉的对象与同感（同情）的对象不相吻合时，这样的同感（同情）会在被同感（同情）者身上引发一种羞辱感。这样，就从正反两个方面进一步地界定了爱与同感的关系，即同感必然是植基于爱当中的，反之，如果同感不以爱为基础，那也就失却了它应有的意义。试想，谁会心甘情愿地接受无爱意的施舍呢？谁又会不因这种施舍而感到羞辱呢？——即使是因为他被认为是人类或被认为是施舍者的国家、家庭或同阶级中的一员。可是，当我们领受一个人满怀爱意的同感（同情）时，首先让我们感动的并不是他"善的举动"，而是激发这些善举的善意和爱。不论怎样，同感都必须以爱为基础。

3.3.3 同感——在上帝之爱与一体感之间

关于《同情的本质与形式》一书，舍勒曾在第二版中对第一版

---

① 舍勒. 同情的本质与形式（又译：情感现象学）[M]. 陈仁华，译. 台北：台北远流出版社，1991：190.

作了补充和调整，其中加入了"同情中的奠基关系"一章（连带地还有论"一体感"以及与"一体感"相关的章节）。① 这样，在讨论爱与同感的同时，也详细地考察了以上诸感受形式间的内在关联。从表面上来看，似乎不言而喻的是，在同感与爱之间存在着两种相反的奠基关系：一为爱（仁爱及位格爱）必须要奠基在同感之上；一为同感一定要以爱为基础。这是否意味着，舍勒对此的论述存在着矛盾呢？当然不是。关于第一种关系，是舍勒在原书第一版基础上加进去的，为此，他不会不考虑所加内容与原内容的一致性问题。而作进一步地理解后会发现，在这种看似相反的结论背后，还隐藏着舍勒对其他一些问题的深刻思考，表达着他对现世的深切关怀，也体现了舍勒理论中生命与精神之间始终存在着的关联。

如果撇开现实性因素，单从舍勒现象学中的先天的价值－情感等级秩序出发，爱之为同感奠基的论点便是确定无疑的，这在第一章涉及爱与价值的论述以及前面关于同感的论述里已有较多说明。正是在这个本源于上帝的爱的理念的基础上，舍勒建构起了他的关于缔造爱之共同体的理想。但是，舍勒发现，在现实中，以上帝之爱为核心理念的基督教伦理思想观，在欧洲已不再是主导的精神力量，取而代之的是现代市民伦理观念，这导致了精神世界秩序的混乱以至于"价值的颠覆"。尽管如此，舍勒却从不曾试图开辟一种新的价值理念，相反，他认为，在人类以往的文明、特别是基督教文明当中，就存在着可以拯救世人于精神困惑的良药，只是随着人们认识力与感受力的变化，人们对基督教的理解也相应地发生了变化，甚至于遗失了其中的真义。因此，要恢复基督教爱的理念，就需要找回与之相应的感受能力，而这又有赖于人们——不仅指人类社会、还指每一个具体的人——生而具有并在其初始阶段就曾共同经历过的宇宙间的生命一体感。

---

① 张任之. 爱与同情感［J］. 浙江学刊，2003（3）：29－34.

较前面所讲的一体感更为广阔的是，宇宙间的生命一体感"在世界观的意向下将世界给定为'整体'，给定为被'一个'生命所穿透的总有机体"，其中，万事万物被赋予统一的（生命）意义，并在此意义下，所有的生命体自身就具有无上的价值。这种机体与价值的显微无间的特性，消融了个体与总体、部分与整体、生命与精神之间的距离，使双方浑然一体，不分彼此。机体就是价值的机体，而价值也就是机体的价值。正是在这种"普遍的表现语法"中，一切自然现象都成了"这一个世界有机体及其不可分割的大生命变幻莫测和包罗万象的表现场"。① 因此，宇宙间的生命一体感竟是有限生命个体统一生命机体与意义价值于身体之整体状态上的最初的、也是天赋的感受能力；也正因此，现世中的生命个体才可能在融合了生命与精神的表情域里相互沟通——尽管日后随着主导力量偏向于生命抑或精神而导致价值低于或者高于生命价值，一体感都是人们通过表情而内在地感知他者的最基础的形式。一体感虽然是在人们不自觉的状态下发生的，但却也为在人们当中培养起自觉的位格爱以及自觉地以表情为中介参与他者的精神活动提供了最为原初的依据或者说范本。

按照舍勒的理解，② 在基督教爱的理念中，世间的万事万物都作为自在的和（在与人的关系中）完全具有自身价值的实体直接与其造物主相关。这不仅意味着，受造物在上帝之爱中获得了属于自己的意义，而且意味着，这意义就表达着它与造物主之间本然的关联，换句话说，受造物只是在造物主的光照中才生机盎然，而造物主也在这每一个的生命个体中显现出自身。就此而言，基督教爱的理念与宇宙间的生命一体感在根本上是相通的。而且事实上，在舍勒看来，宇宙间的一体感原本也来自于上帝，是上帝之爱在人类社

---

① 刘小枫. 舍勒选集（上）[M]. 上海：三联书店，1999：320－321. 加粗部分为原文所有。

② 刘小枫. 舍勒选集（上）[M]. 上海：三联书店，1999：329.

会初期及人的婴孩时代的表现，也是降生世间之人所获得的最原初的感受力，而位格之爱恰恰便是上帝之爱在世人（觉醒了的个体位格及作为社群单位最高形式的总体位格）当中最终的实现。——难怪舍勒会说，在诸感受形式中，生命性的万物一体感恰好与最接近于上帝之爱的位格爱"两极遥遥相对"①，其实说白了，就因为它们都最为直接地本原于上帝之爱；所差别者只在于，宇宙间的一体感完全实现于人的不自觉的、无意识的行为中，而位格爱却需要位格的自觉参与。因而，对于处于现时代已具有自觉意识的人而言，在他不可能再回到一体感的存在的情况下，只有在位格爱中结成基督教爱的共同体，才是他的去向所在。不过，这也表明，恢复曾经拥有过的一体感的感受力，不仅是可能的，而且也是进入位格爱所必需的。

可是，在原始人向文明人的发展中，在每一个人的成长历程中，宇宙间的生命一体感也在随着其他一些能力的获得而消失，随着其他一些认识力的发展而衰败。人们因此渐渐远离了自然。整个自然被极度的非生命化和非灵魂化，与自然、与世界整体相统一的精神被与局部扩张相一致的工具理性所代替。这些不仅促使作为个体的、理性的人以敌对的态度面对自然，也以相同的态度面对周围的人。怨恨之与现代仁爱的不解之缘，便从这里开始。

结合以前的相关论述，可以想见，从一体感到追复感受，再到同情及仁爱，是一个个体逐渐从整体中分离出来的过程，同时也是价值与感受、情感与认知由混沌不分到泾渭分明的过程，这个过程不论是在人的成长、还是在社会的发展、历史的绵延中都是不可缺少的。只是每一个层次的感受形式都具有属于它自身的特殊使命，并依照严格的奠基秩序为下一个层次的感受形式做基础，因而，倘若作为奠基层次的感受形式得不到充分的发展，那么处于被奠基层

---

① 张任之. 爱与同情感 [J]. 浙江学刊，2003（3）：29 – 34.

次的感受形式便也无法充分地展开，并会以非本然的样态表现出来。现代仁爱便是一种未充分发展起来的仁爱。如此看来，现代社会里那些精神价值失序的问题，竟是人们迷失了所认知事物之本源的结果，而要改变这种状况，就需要在恢复人的一体感的同时，依据感受形式间的奠基关系，全面地培养人的感受力，这也是在现世中重返上帝的途径。所谓同感（同情）为位格爱奠基，只是在这个层面上才可以讲通。

另外，在舍勒所提到的诸感受形式中，同感一方面本源于感受感染，并最终本源于一体感，另一方面又因其意向性地指涉他者并内在地包含着位格间的参与而成为人与人之间、位格与位格之间相互感受的初始状态。因此，作为一体感与位格爱之间的中间形式，同感的确立可以帮助已成为孤立个体的人们，在背离了上帝之爱的情况下，从根本上摆脱现代仁爱的虚伪，借助于向追复感受并最终向一体感的奠基性的回溯，让人们回忆起情感感受之本源，恢复在相互一同体验中的彼此融入的感受力，进而通过仁爱、位格爱而回归上帝的怀抱。

说来说去，按照舍勒的意思，人们从哪里来，也最终要回到哪里去，只是在现实的生命历程中，在这所从来与将去向的中间总不会是一帆风顺的。

3.4　与他者共在

3.4.1　共同体的形式

就本质而言，每一个人都必然地存在于与他者相互一同组成的共同体当中。这不仅意味着，共同体所具有的内在本质，将决定着生长于其中的个体的价值世界观的形成，而且每一个拥有自觉意识的个体，也都将成为共同体的缔造者。在这里，内在于人心的某种价值观念及与感受力相关的相互—同存在、相互—同生活的样式相互交织着贯穿始终，并因此构成划分本质各异的共同体类型的两个原则。① 依据这两个原则，舍勒描述了四种共同体形式：人群（Masse/the mass）、生活共同体（Lebensgemeinschaft/life – community）、社会（Gesellschaft/society）以及总体位格（Gesamtperson/encompassing person）。

（一）人群②

通过无理解的感受感染和不由自主的仿效而构造起自身的社群单位，即人群。它是社群单位中最低级的形式，其中感官价值占据主导地位。

当处在这种社群单位里时，受感受感染所影响的个体，会暂时失去位格的自我认同，与其他人一起在接受了一定的感官刺激后，不自觉地模仿他们引领者的表情和动作，并以此表现出高度的统一性。这样的人群类似于兽群，舍勒甚至认为，人群与兽群只是社群单位在人与动物中的不同表现，可本质上却是一致的。正如在动物群中某一动物的恐惧样态可能会导致整个群落的恐惧性骚动一样，人群也是因为某种感官上的刺激所激发的感受感染而导致的群体性行为。显然，人群中的每一个人并未真正接触导致感官刺激及感受感染的原因本身，而只停留在他自身的外在机体感受上。这类似于身体的状态性感受，而且会和状态性感受无法在个体间获得共同感受一样，一个人的感官刺激也不会传递到其他人身上。因而，处于人群行为中的每一个人都是独立的，但并不具有个体精神性的意愿，也没有位格间的相互参与式的理解，而是彼此匿名地混合在一起，既无共同的方向，也无共同的目标，当然更不存在彼此间的共

---

① 舍勒. 伦理学中的形式主义与质料的价值伦理学（下）［M］. 倪梁康，译. 北京：三联书店，2004：641.

② 主要参考了 Manfred S. Frings. *Lifetime：Max Scheler's philosophy of time：a first inquiry and presentation*. Dordrecht：Boston：Kluwer Academic Publishers. 2003. P34 – 35. 及弗林斯. 舍勒的心灵［M］. 张志平，张任之，译. 上海：三联书店，2006：98 – 99.

同负责，并且，这种状态既然随着感官刺激的到来而产生，也将会随着这种刺激的淡化并最终随着刺激所引起的感受感染的淡化而消失。

（二）生活共同体

在一种直接的共同体验和自然而然的理解中构造起自身的社群单位，便是生活共同体。生活共同体存在于家庭、家族、部落、原住民以及非政治意义上的民族之中，视整体的福利和高贵等为肯定价值，将其贯穿于对祖先的情感感受的持续的追复行为中，并在此基础上绵延不断地表现出对同伴们的体贴和对后代人的关怀。① 同人群里人与人之间处于相互匿名且无意识的状态截然不同，生活共同体的成员开始在意识里区分自我与他者，但这在根本上有别于位格的自身意识以及位格间的相互区别，这与共同体整体地处于纯粹的外在感知与纯粹的精神体验之中间状态相适应。因此，生活共同体中的成员虽然能够彼此"心领神会"，但却仍旧不能明确地将自己的体验与其他成员的体验区别开来，甚至也缺少在相互的理解中对彼此身体表情的区分。毋宁说，生活共同体的行为"主体"就是共同体本身，任何一个成员都不能独立出这个整体，而所谓成员间的相互一同体验、相互一同看、相互一同听、相互一同思维、相互一同爱和恨的行为，都是共同感受，它作为一个统一的体验流被呈现出来。也因此，在这样的共同体的基础上，无须从表达向体验的回溯及推断，共同体的成员便可以相互理解；无须设定真理的准绳和人为的术语，便可以达到对真理的共同认识；更无须允诺和契约，便可以形成一个共同的意愿。② 这表达了尚未成熟起来的成员的个别体验"在进程和内涵方面"对总体体验的依赖性，表达了人

---

① 弗林斯. 舍勒的心灵［M］. 张志平，张任之，译. 上海：三联书店，2006：99、102. 及舍勒. 伦理学中的形式主义与质料的价值伦理学（下）［M］. 倪梁康，译. 北京：三联书店，2004：661.

② 舍勒. 伦理学中的形式主义与质料的价值伦理学（下）［M］. 倪梁康，译. 北京：三联书店，2004：643.

与人之间毫无根据的信任，正是借助于这种依赖性和信任，共同体成员才可以在无位格的自觉参与的情况下、于这种主体间的体验中表现出相互之间的休戚与共，这也是"自然而然"式的理解——有别于位格之在的自觉参与式的理解——的含义所在。

（三）社会

相对于生活共同体这个"自然"单位，社会首先可被定义为"由个别人组成的人为单位"。其中没有生活共同体的原初的相互一同体验，个别人之间的所有联结都要通过有意识的行为才能实现，这些行为介乎于相互一同体验与位格爱之间，它们不仅被每个人体验为出自他的个别自我，还瞄向作为一个他人的他人。在此，不论是自我、还是他人，都是已成熟且具有一个有自身意识之个别位格的人，社会作为一个包含着这些人的社群单位，是它不同于生活共同体的另一个方面。[①]

个别位格就其本性而言"与适意和有用这两种不是聚合性的，而是区分性的并且感性相对的价值质性相关"[②]，相应地，社会中人与人之间的区别，便产生于在适意和有用这些价值的方向上衡量所得的成就价值当中。纯粹就个体（精神）位格意义下的个体的内在价值本质而言，由于社会中所有个别位格意义下的个别人都处于相同的价值级序当中，所以在它们之间不存在本质性的差别，也因此在实质上是决然可替代的；但是，如果从个别人所取得的成就价值的层面来看，那么在形式上，个别人与个别人之间却又是不可替代的，并以此表现出无可比拟的个性意识。正是借助于这种彼此间的不可替代性，自我与他人的区别才会变得格外的明显：在这里，不仅有对自身体验与他人体验的原初区分，也不仅有在理解中对彼

---

① 舍勒. 伦理学中的形式主义与质料的价值伦理学（下）[M]. 倪梁康，译. 北京：三联书店，2004：644－646.

② 舍勒. 伦理学中的形式主义与质料的价值伦理学（下）[M]. 倪梁康，译. 北京：三联书店，2004：646. Scheler Max, *Der Formalismus in der Ethik und die materiale Wertethik*. Berlin：Francke Verlag，1954. S. 551.

此表情的区分，而且有在这些区分的基础上建造起来的从自身被体验之物（内在本质含义）、以表情为中介向异己被体验之物（隐藏于表情背后的内在本质含义）的类比推断。在这种相互间的区分中——或者说在与异己者共同存在的社会里，人与人之间只能进行以自身体验为基础的间接的相互理解。其中，要想达到共识，就必须使用一定的人为术语，并制订可供彼此参照的认知准绳；要想形成共同的意愿并采取共同的行动，就必须依靠彼此间的允诺和在允诺中建立起来的契约。

由于从根本上讲社会关联建立在可区分的、而非可聚合的价值种类之上，因而在这里不存在真正意义上的凝聚，只存在由个别人构成的"阶级"的利益的相同性与不同性，并且，作为整体，社会中的组织单位，也不是外在于、超越于个别人的特别实在——像生活共同体那样，而是一个"不可见的有效关系的交织物"①。原先在生活共同体中以总体为单位的共同负责，在社会行为里已不复存在，取而代之的是以个别位格的自身意识为基础的单方面的自身负责，每个对他人的某种负责行为都是通过个人对某种协定、惯例、契约的自由接受及对其中相关义务的自觉履行而产生的。因此，社会中的每个人都以最大限度地获得自身利益为目的，以为获得并维护各自利益而规定的种种约束为行为准则，并以自身的这种生活态度去对待周围的人……在这里，个别自我的自身负责的经验与自然的共同负责的缺乏之间的矛盾，使社会中人在结成伙伴之前总要"相互掂量"。② 这恰好与生活共同体中毫无根据的信任形成鲜明对比，并且，社会中人与人之间的交往从一开始便总已充满了毫无根据的猜疑，即使大家为了相同的目标聚集在一起，并为之而一起奋斗，猜疑也总是与自身对利益的患得患失相伴随着。不过，随着利

---

① 舍勒.伦理学中的形式主义与质料的价值伦理学（下）［M］.倪梁康，译.北京：三联书店，2004：646.

② 弗林斯.舍勒的心灵［M］.张志平，张任之，译.上海：三联书店，2006：109.

益关系的解体，社会关系也将随之而瓦解。社会在时间的延续上自然比人群要长久，但比之于生活共同体，在时间及起源上却要稍晚一些。

（四）总体位格

到现在又回到了第二章末尾所提到的总体位格。总体位格按照为其所肯定的位格价值，可分为三种类型，即，与精神文化价值相符合的文化的和（民族）国家①的总体位格，以及与神圣之物价值相符合的教会的总体位格。不论在哪种类型中，总体位格都包括了前三种共同体形式，因而会在表现上与它们具有某些相似之处，但总体位格作为共同体的最高形式，又与它们中的任何一种形式相区别。舍勒对总体位格的特征有如下描述："在一个独立的、精神的、个体的总体位格'中'的独立的、精神的、个体的个别位格的单位"②。这不仅意味着，最高的社群单位种类植基于位格的观念之中，位格价值是其所肯定的最高价值；而且还意味着，"处于其中"的每一个有限位格，就其本质而言，都同时是且都将自身同时体验为个别位格和一个总体位格的成员。总体位格实现于位格与位格之间爱的活动，是人们在现世中所建立起的爱的共同体。

从上面的论述里可以看到，在生活共同体中，共同体的实在是所有责任的载体，其中所有的成员都对这个共同体负责，因而，每一个成员在面对共同体时都是一样的，并且是可替代的；而到了社会里，社会成员虽然因其形式上的差异表现出不可替代的个性特征，但却同时也使每个人都局限在自己的利益范围内，并因此而缺乏生活共同体中的凝聚性和相互之间休戚与共的共同负责性。与生活共同体相区别，在总体位格中，能够自身负责的不单单是总体位

---

① 关于民族国家、民族和国家这三者间的区别，详见弗林斯. 舍勒的心灵［M］. 张志平、张任之，译. 上海：三联书店，2006：114、117及页下注.

② 舍勒. 伦理学中的形式主义与质料的价值伦理学（下）［M］. 倪梁康，译. 北京：三联书店，2004：651.

格，而且有处于总体位格之中的每一个人，他们作为自觉的个体位格和个体良知的载体也都是自身负责的，能够独立地承担起自己的责任；同时，与社会形成鲜明对比的是，处于总体位格中的个体，虽然因各自的价值内涵而保持各自的独立性和不可替代性，但却在爱的关联中互相理解，相互一同体验，共同承担起所有的责任，其中，不仅仅有个体对总体的共同负责，还有总体对个体的共同负责。

所以，社群单位发展到这个阶段，每一个人都会反思，作为精神个体的他所觉察到的"对我而言的善"，是否同时也是对总体而言普遍有效的自在的善；反过来，作为整体的总体位格也因其中每一个个体的变化而发生变化，表现出一个独一无二的伦常总体价值，比如，一个总体的善或一个总体的恶、一个总体罪责或一个总体功绩，所有的个体都共同分有这个总体价值，但总体价值作为独立于个体价值的价值，绝不能被等同于个体价值的叠加或总和。显然，总体位格将社会中的个人的自身负责与生活共同体中的共同负责进一步地完善了。在总体位格中，除了普遍有效的自在的善之外，还有个体有效的自在的善，而且其中总体与个体的关联非但不曾排斥共同负责的凝聚原则，反而还将这个原则引向它所能采取的最高形式，在这个意义上的凝聚原则是一个有限伦常位格世界的永恒组成部分，并且就是它的一个基本教义。①

凝聚原则能够实现到如此程度，有两方面的原因。一方面，总体位格作为位格一般的共同体属于一个可能位格的明见本质性，它在特定的行为中被给予，并因其内在的意义与价值而具有一个先天的结构，这与前面所讲的"个体位格"是一样的，因此，即便其中特定位格之间发生实在的经验性联系时必然包含着某些偶然性的原因，并且即便这些位格之间的联系可能会依赖于它们的实在实现的

---

① 舍勒. 伦理学中的形式主义与质料的价值伦理学（下）［M］. 倪梁康，译. 北京：三联书店，2004：652.

方式、程度、场所及时间，总体位格自身作为由特定位格联结而成的独立个体，也不会受到这些偶然性因素的影响。这是使伦常凝聚得以可能的基础。另一方面，这种伦常的凝聚原则之所以成为必然，归根结底在于爱的回返运动。爱本身并不直接产生回爱，但爱指向被爱者的行为及其中蕴含着的意义价值，当被爱者领悟到了这种爱，并因此而理解了爱的意义，他也就在这种行为中一同参与了爱的体验，并可能在这种体验中进一步地表现出对承担起爱的意义的一切事物的一种回爱。这不同于"如果你爱我或敬重我，我便爱你或敬重你"，在后者的体验感受里，可能会带有主观的意图和期望，但爱的回返运动却完全不是这样的。"惟有在作为爱的爱的意义中，……才包含着对回爱的要求，而且在对这个意义的单纯理解中包含着一个回爱的行为萌动"①。其他一切伦常行为（包括与爱对立的恨及其他）及社群行为皆可以此借鉴。正是基于这两个方面，伦常的凝聚原则才可能持久地发挥作用，使总体位格中的个体达成最为稳固且长久的关联。

3.4.2　与他者共在

仅就上面的分析而言，舍勒所说的五种价值类型，分别存在于与自身相应的共同体形式当中，而代表或肯定特定价值类型的共同体，同时也具有与之相应的存在样态；这与价值质性之规定着行为存在的观点相一致，并且在这个意义上，共同体一般就是价值与存在的统一体，这在共同体的最高形式——总体位格——里获得了最为集中、也最为充分的体现。同时，既然人们对自身的感知必须以对他者的感知为前提，既然（在确证他者的存在之后）对他者的感知必然要回到你我不分的他者一般及共同体一般上来，那么，关于人的问题到最后就不可避免地要涉及共同体，甚至可以说，只是在

---

①　舍勒.伦理学中的形式主义与质料的价值伦理学（下）［M］.倪梁康，译.北京：三联书店，2004：655.

与他者共同生活存在的共同体中，人才获得了他所能具有的所有可能的意义。如此说来，虽然价值质性在本质上决定着存在，但就每一个有限个体而言，存在却也实现着价值。

（一）在各个共同体之中

虽然关于事物的本质可化约为五种价值类型，但并不是任何一个人都能够实现这所有的价值，而实现的过程也不一定非得遵循价值等级由低到高的秩序。事实上，在一个人的成长历程中，他对价值的实现，完全取决于其所在共同体的本质及其所具有的共同体生活。

不难想见，在四种共同体形式当中，与人关系最密切的是生活共同体。在这里，人们以生命最本真的样态表现出来，并借助于其中真实而同一的生命意义自然地达成共识，所有的表达、所有的感受都在此基础上成为同一个生命体的表达和感受。仿佛孩童脸上的笑容，便就是因喜悦而生，再无其他的意思。任何一个融入生活共同体并作为其成员的人，也都必然会形成一种基于生命观照的相互一同体验，正是在这种全体即个人、个人即全体的经验中，人们才在生命及其意义的层面，也是最基本的层面上——不论就表达、还是就感受等而言——形成与他者相互沟通的平台。

如果说在生活共同体中，人们处于一种你我不分、浑然一体的状态，那么到了社会里，随着人的成长，便渐渐产生了自我与他者的意识。正如前面曾几次涉及的那样，从生活共同体到社会、从浑然一体到你我区分的过程，也是人们开始遗忘共同体生活中生命一体感及相互共同负责的过程，因而，每一个人都仿佛刚刚从混沌中觉醒，对于自身的个性意识也从与万事万物的一体中分离出来，表现出强烈的独立特征。这种独立意识在个人成长过程中不可避免，可随之而产生的却是人们彼此之间的分离感，于是，存在于社会中的每一个人，为了保全自身，都必然要为自身的实际利益打算，正因如此，整个社会都呈现出对实用价值的肯定。

不过，单纯的生命价值与实用价值，以及身处人群中时、体现在感官感受中的感官价值，都无法从根本上满足人的本质的要求，而且甚或是这些价值本身也不能在与之相适合的共同体生存中被领悟到，如此才会有囊括所有价值、却又以精神价值和绝对价值为肯定价值的社群单位、总体位格。如前所述，总体位格之所以成为必然，主要在于位格之间爱与回爱的运动中。在此，正是在这种相互的爱的活动中，每一个个体才会饱含对所爱之物的意义的领悟，并将事物的本质以价值的形式显现出来，而也正是在这种相互的爱中，人们才可能形成共同担当的自觉意识，每一个人也都才在这种共同的负责行为中成就自身，因此，所有的人在面对共同的罪责与共同的功绩面前，都会忽略自己的切身利益、感受，甚至于献出自己的生命，却又在更高乃至最高的价值中发现自己。

到现在为止，可大致地说，任何一个生存于某一形式之共同体中的人，都会实现一定的价值类型，但是，这是否就意味着，处于同一形式的共同体中的所有人都将具有同一种价值世界观，并因此具有完全相同的本质呢？显然不是这样的。这里所意味者只在于，同处在一个共同体中的人，必然主要地实现着与此共同体存在相适应的价值类型，这是就各个共同体及其中占据主导地位的价值观而言。可是，任何一个有限个体都总是穿梭交往于多种形式的共同体之间，这样的话，不仅各个共同体之间不会没有关联，而且个体的内在本质也不会是单一的。

（二）在共同体之间

从现实的角度来看，任何有限个体终其一生都不会只在一个共同体中生存，而从共同体的角度来看，任何一种形式的共同体本身也不会是完全独立自在的。其中：（1）在生活共同体与社会之间存在着完全确定的本质联系，即，不存在没有生活共同体的社会；（2）与人群存在于所有形式的共同体当中形成对照的是，总体位格在自身里又包括所有可能的共同体形式。

先来看第一个方面。

在生活共同体的相互一同体验中，所有可能的外在表达与所有可能的内在意义价值都在总体、整体的范围内最为原初、最为本真地关联起来，所有事物之间以及事物内外之间的沟通与交流都因此成为可能；就人本身而言，意味着生活共同体中的每一个人——不论是在外在身体上、还是在内在精神上——不仅于自身范围内，而且与其他人一起达成统一。这种统一即便是在生活共同体向社会的发展过程中渐渐为分离所取代，它也会在社会以及社会中的人身上留下原初的痕迹，因为生活共同体的存在作为人与生俱来的或天赋的东西，作为社会所从出的一个阶段，连带着与共同体存在相关的其他一切事物也一同归属给人和社会，并成为人与社会不可或缺的一部分。因此，社会上彼此分别且独立的个体，对自身有意识的觉知以及对他者借助于类比推断所得的认知，都必然依赖生活共同体的相互一同体验及内涵为其提供起源及相关内涵的质料前提。

不仅如此，社会中人除去对自己及他人的有限了解之外，还必然要在交流过程中制订社会形式的协定及人为术语，而这些协定及术语赖以形成的意义范畴，却又植根于生活共同体中的自然语言、自然观念。——既然社会里的人已经从共同体中分离出去，独守在自己的空间里，既然在这样彼此分离且各自独立的人们中间也仍旧需要相互的合作与交流，那么，一方面，需要在这些人当中寻找到可供彼此交流与合作的平台，并进而在此基础上制订彼此都能理解的话语及约定，甚至是进一步地相互融入；另一方面，这个平台又不可能存在于已然相互分离的人群里。而由以上论述可以想见，这个平台只能由生活共同体的自然语言及自然观念——并且主要是蕴含其中的意义内涵——来提供，因为，只有自然语言、自然观念才真正形成于人与人之间直接的相互理解，其间既不存在，也不需要任何人为的雕琢，纯粹依据存在于一切生命体的普遍法则，或者说，依据存在于一个生命整体中的自身法则；所有人为协定及术语只有依赖于这种原初的共识原则，或者直接由自然语言、自然观念构成，才不至于是彼此分离陌生的东西。换言之，社会中人与人之间之所以能够顺利地进行沟通，就其根本而言，只是因为他们都曾拥有某种或某些意义统一的共同语言及观念。

另外，对于社会性的行为而言，同样需要像对社会性的认识那样追本溯源。依前所述，若要使彼此分离而独立的人们共同采取一致的行为，必定需要借助于相互间的允诺及在允诺中结成的契约。允诺，既可作为意愿构成的行为，又可作为在此意愿行为中所应允诺下什么的允诺，不论前者还是后者，允诺本身都带有承担并执行某种义务的特性。可是，对于前者而言，允诺中所含带着的意愿，其起源不可能重又追溯至其他的允诺之中——例如，对他应当遵守允诺的允诺，这样的倒退永无止境，而真正维持允诺行为之意愿的，只能是伦常的忠诚，它植根于原初的相互一同愿欲中，这一事实即使在这种原初的共同感受因其他新添的充分价值的加入而有所改变——像生活共同体进入社会中以后那样——也不会被抹杀；同时，对于所应允诺之物以及在允诺接纳者一方所应接收之物的这种"存在应然一般"，也必然要奠基在"这个作为对一个相互一同愿欲而言的同一之物的内容之存在应然中"①，或者说，被允诺的什么之所以是所有允诺者都应当共同承担的内容，就其根本而言，只在于它源于共同体所应共同愿欲之物的内容，若脱离开此共同愿欲的内容范围，依前所言，社会中人各有所愿亦各有所欲，彼此之间最终难免猜疑，允诺也因此难以得到真正的落实，更不必说自觉地承担什么义务了。相类似地，在契约中有义务遵守相互间的约定及允诺，其中这个义务的根基也不会重又落到一个应当遵守契约的契约里，而是"处在一个共同体各个成员对存在应然地有待实现之内

---

① 舍勒. 伦理学中的形式主义与质料的价值伦理学（下）[M]. 倪梁康，译. 北京：三联书店，2004：648.

容的凝聚式的承担义务中"①，无此基础的契约只是对一个契约的虚构，换言之，契约本是彼此分离的社会成员为着一个共同的内容而订立的，其中虽然包含着"如果 B 做，那么 A 做"的假设性约束，但契约内容本身并不在这种单纯假设的意愿准备的意义上被契约签订者所愿欲，否则的话，契约的订立便只是为了契约本身，而非订立契约时所指向的内容，这与它的原意显然相悖，因而是虚假的，不过，说到底，其间的凝聚性以及对有待实现之内容的共同认识，也还是源于生活共同体的。

如此看来，生活共同体作为社会赖以成立的基础性前提，在社会这一社群形式的实现中，总是与它形影相随，否则，从历史的某个横断面上来看，具体在每一个现实的人身上，如果他不是曾经生长于某个或某些生活共同体当中并因此而具有这种存在及相关的存在内容，那么所有这些个别的人也不可能共同组建起社会这种社群形式。总之，生活共同体为社会提供共同存在的前提和基础，而社会又在此基础上进一步地形成人的个体独立特性，但不管怎样，二者是可以共同存在的，并且从社会的实现性角度来看，不存在无生活共同体的社会。

如果这种观点成立，那么在一定程度上也还等于说，在生活共同体与社会这两者之间不存在谁比谁更优越、更本原的划分，但是，与舍勒同时代及其前的一些学者却认为，对此二者，可以采用其中任一方为标准对另一方进行审视，这样一来，便出现两种相反的假设：其一，当以社会的标准去衡量生活共同体时，生活共同体就只能被看作是一个较原始的社会发展形态，其二，当以生活共同体的标准去衡量社会时，社会便被看作是生活共同体的一个"历史生成时期"。不论依据哪一种假设，在生活共同体与社会当中，都必然要有一种社群形式成为另一种的依附者，这不仅意味着作为依

① 舍勒. 伦理学中的形式主义与质料的价值伦理学（下）［M］. 倪梁康，译. 北京：三联书店，2004：648.

附者的一方不具有自身的独立性，而且还意味着它作为一种历史性的现象，终要以瓦解而告终；连带地，要么会出现——以生命价值为主导的各种事项必然要受制于以实用价值为肯定价值的相关事项，要么会出现——实用价值及其相应事项在面对生命价值及相应事项时反而显现为一个替代品、一种弊端。① 这种混淆社群存在形式间的关系并进而混淆存在价值间的关系的论调，在舍勒看来，之所以会出现，一方面是因为人们没有看到，生活共同体与社会都可以独立地成为一个特定本质价值的社群单位（正如前面关于这两者各自的本质特性的相关介绍那样），另一方面、也是更重要的，则是因为人们忽略了总体位格及其内在本质，并忽略了总体位格作为社群单位的最高形式与其他所有社群形式间的本质关系。

这已涉及这一部分里第二个问题。

按照舍勒的理解，包括生活共同体与社会在内的所有社群单位，虽然各具特色，但它们在本质上都隶属于总体位格，并且它们的使命便是要服务于这个社群单位的最高形式及其显现。这里主要来看生活共同体与社会。从前面的阐述可以看到，总体位格不仅具备了生活共同体与社会的两种本质特征（独立的个体的位格以及凝聚与实在的总体统一），而且，还有着属于自身的特性（个体之间于总体中的凝聚性的统一）；同时，总体位格不仅有其自身所肯定的价值类型，即，精神价值与绝对价值，而且还包容其他所有的价值类型，并使它们以精神价值与绝对价值为中心且为之而服务，一切具有工具性的实用价值及生命价值（当然也包括了感官价值在内）的相关事项，作为实现精神价值及绝对价值的手段也因此成为具有肯定价值的事项。这些都是总体位格成为社群单位最高形式的一些主要表现及特征。

舍勒强调，生活共同体与社会对总体位格的本质隶属关系表

---

① 舍勒. 伦理学中的形式主义与质料的价值伦理学（下）［M］. 倪梁康，译. 北京：三联书店，2004：658－659.

明，它们这两者都不是"偶然历史本性的程度各异的发展时期"，而是"所有可能社群联结一般的本质不同的必然持续形式"；① 而更进一步地讲，连带着人群及作为个体的总体位格（总体位格当中也存在着个体与总体的隶属关系——详见第二章末尾）都不例外。这里面可以区分两方面的内容，其一为总体位格作为这些社群形式的本质归属，必然成为这些形式显现自身的一个不可避免的本质条件、一个背景或者是一个决定性的因素，这也可以说，总体位格的实现必然意味着包含其中的这些社群形式依其相互间的本质关联持续地共同发挥作用，因此，生活共同体不仅是可以共同存在的，而且在事实上也总是于某一总体位格中共同存在着的；其二为隶属于总体位格的所有社群单位，在其不可避免的本质条件的总体位格中，都将各自本身展示为一个具有本质价值的社群单位，以成为它们共同归属之总体位格的基础，因此，当生活共同体为社会奠基时，它事实上也在为总体位格奠基，而总体位格中的位格不论作为个体还是总体发挥作用，事实上也是基于社会中个别位格的觉醒。就这两方面而言，并就历史之可被归结为总体位格的总体性在时间中的延展而言，可以说，所有历史上事实性的发展过程都通过这些社群单位各自的本质性及其相互之间的本质关系而被设定了一个"严格的界限"。在舍勒看来，"并不是从这个'发展'中才产生出它们（即各个社群单位的本质性及其相互间的本质关系——笔者注），而是所有发展都是根据它们并且在它们的范围内才发生的"②。如此看来，不论历史发展的具体进程如何，它都是由隶属于总体位格的所有社群单位共同作用的结果。其中，可变更的只是填充在这些形式社群单位中的现实构成物及其他附件，比如，这些

---

① 舍勒. 伦理学中的形式主义与质料的价值伦理学（下）［M］. 倪梁康，译. 北京：三联书店，2004：660.

② 舍勒. 伦理学中的形式主义与质料的价值伦理学（下）［M］. 倪梁康，译. 北京：三联书店，2004：660.

社群形式的具体内容，这些形式与实际群组相结合的范围、属性以及身处其中的每一个具体的人和人们对待这些事物种种看法，等等。

同时，历史发展本身虽然不能离开这些形式，却也并不意味着它必然要依照这样一种后继性的法则，即，由人群形式经共同体形式、最后进入位格共同体形式；毋宁说，在一定程度上，所有这些形式及其各自的本质价值"都处处是并且始终是同时在各种不同的混合中现存的"，只是在这种混合中，任何特定历史时期的总体构成物及其相关附件总会趋向于一种秩序地穿越所有这些形式，即在主要的人群此在、生活共同体此在、社会此在和位格共同体此在的方向上穿越这些形式。① 相应地，每个具体历史的群组志向也都是由人群的行为举止、生活共同体的伦理价值、社会的伦理价值和位格总体的伦理价值这些本质价值类型混合而成。但是，这样是否就意味着，对于历史的阶段性的划分已经失去了意义？或者说，既然历史发展只是这些社群单位的混合，而这些形式又本质必然地隶属于总体位格，那么是否就只可能有一种总体位格呢？显然不是这样的。舍勒指出，总体位格以其首先作为一个精神的行为中心而区别于其他的社群形式（比如，首先是一个领地或传统或血缘的统一的生活共同体，再比如，首先是一个总体目的的统一的社会），并因此而包含所有价值种类及其相关事项，也包含具有所有本质价值形式的社群单位，可这仅仅意味着："按照等级，在社群单位一般之中的超生命的总体价值只有归派给总体位格"；而包含所有价值种类的总体位格，又"必定具有关于它们的一种特有意识和对它们的一种顾及"，这一点足以说明在总体位格的观念中仍然存在着一个

---

① 舍勒. 伦理学中的形式主义与质料的价值伦理学（下）［M］. 倪梁康，译. 北京：三联书店，2004：661.

可能的本质分异。① 但不管怎样，总体位格作为位格间结成的爱的共同体，在舍勒看来，都始终是人们的理想归宿。

对于这篇文章来说，以上关于共同体形式之间的关系说明已经足够了。

——由此可见，如果一个人必然是生活在共同体中，而共同体的各种形式又总是共同存在着，那么人——当然是作为位格存在的人——也便总是存在于所有共同体形式的交互存在之间。前面曾讲，存在于单个共同体之中的人会因此而获得与之相应的价值意义，与此相类似的，存在于各个共同体之间的人也因此而可能拥有所有的价值意义，并成为在其中被不断塑造的个体存在。当然，这并不意味着价值世界依赖于人、依赖于人所生存于其间的共同体，更不意味着，人只要涉身其中便会具有某种价值，并因此，生活于相同形式的共同体中的所有个体之间不再会有丝毫的差异。因为一方面价值作为事物之本质，自身具有独立性，所谓与某种价值相对应的共同体存在，只在于说明在这种共同体中为其所肯定的行为价值倾向，强调特定的共同体存在所实现的价值，或者说共同体本身也是一个价值的载体；另一方面，受共同体生活所决定之个体的价值观世界，只是就其主导性方面而言，却并不因此排斥多种价值同时存在，也不排斥因价值之间关系及实现价值之程度所决定的个体间的差异。不管怎样，人们只要生活在共同体当中，就必定会具有一定的价值观世界。前面所讲关于人的本质的种种论说，虽然已从价值理论的层面上阐述了存在着众多本质各异的个体的可能性，但，只是这些因同情性经验而结成的诸形式之共同体，才在事实上成就了个体之为个体的内在价值本质。换句话说，个体之为个体只能在个体间性中得到说明和解释，这也意味着，对于他者的认知，归根结底也就是为了人对于自身的认知。

---

① 舍勒. 伦理学中的形式主义与质料的价值伦理学（下）［M］. 倪梁康，译. 北京：三联书店，2004：665.

结　　语

对舍勒来讲，在自然的事实、科学的事实与现象学的事实中，不存在任何一种对另外两种的优越性，因为这三种事实都是人们以自己的态度和方式观世界的所得。但是，舍勒又认为，最为接近事实本身、事物本身的，却只有第三种，即现象学的事实，或者说，只有在现象学世界观当中才能弥合形式与事实之间的分裂，其中，事物本身与在此态度下显现出来的事物，就本质而言是可互相转化的，是可互逆的；而依此态度所显现的事实本身虽然仍旧是对人而言的事实，但其中已不再是以人的看世界的态度——或者说是形式、方法——为转移的事实，而是反了过来，事实本身必须成为人们观看事物之态度乃至形式与方法的依据，并且只是因为如此，才可能会出现对人而言的事实本身的显现。

这在康德那里显然是不可能的，而在胡塞尔那里，至少也是不能被完全实现甚至认同的。因为不论是对康德、还是对胡塞尔而言，人们对于事物的认识，无论如何，都无法超越人自身的范围。因此，说到底，在认知当中，起决定性作用的不是事物本身，而是人、作为主体的人的认知形式。可是问题在于，人们可以反问：这种经主体构造出来的东西，还是那个事物本身吗？——或者当站在康德或胡塞尔的立场上、承认认知只是主体通过形式对显现物进行构造的结果时，已然不会再提这样的问题，因为在他们那里，从一开始就预设了所认知者与事物本身的不对等关系；但是，这显然不能满足人们认知的需求，并在根本上违背了人们进行认知的初衷，甚至于还在现实生活中引发了一系列的问题，最为严重者，即，将非关事物本身的东西强加到事物之上，这不仅破坏了事物本身，也危及到了人自身。——那么，接下来的问题便是，在人这样一个不能绕过的形式与事物本身之间是否还存在一个可以互相转化的场地或者渠道？或者就这篇文章来讲就是，关于事物本身，人们究竟可以接近到什么程度，以及通过怎样的活动去接近？

如果站在舍勒现象学的立场去看这些问题，那么，用现象学以外的态度去看世界，都将会受到人的生命形式的影响，可是这样，只是以非关事物之本质的形式显现事物，因而并不能被等同于事物本身，或者说，认识以主观形式为中心，即便其出发点还是某个事物，所产生的认知也仍然不能再次还原为事物本身。自然常识是这样，自然科学同样也不例外。而从舍勒现象学当中隐约可以看到，真正能够从事物本身出发，又可再度还原回事物本身的，只有情感性的感受体验。

人们当然会说，这种情感性体验同样是主观性的体验，但关键是，这种体验本身区别于其他的存在形式的，恰恰在于，在此体验之中，所有事物自身的存在，不受任何妨碍和阻止地显现着、发生着，以至于事物自身都能够得到充分的表达和实现（这很类似于中国所谓的"各正其位"）；同时，也正是在这种让事物是其所是的存在体验里，事物之是其所是的本质才真正地浮现出来，并且因其出脱于事物本身，所以也就可以还原回事物本身，从这里似乎还可以说，这种活生生的存在本身就是事物之为其存在者本身。可见，舍勒现象学中的情感体验，不仅仅是在揭示着事物本身，而且也是在成就并实现着事物本身，或者应当说，正是在其成就并实现事物的过程中揭示着事物。对于事物是这样，对于人也是这样：人之所是者，就融合在人的以爱为核心的精神性行为存在当中。

通过以爱为核心的精神性行为，不仅人的生命与精神得到了贯通，而且位格个体与总体也产生了相互之间近似于圆融的关系。正如生命只是在精神行为中才获得了价值并最终是在精神行为所限定的存在与价值的范围内展开自身一样，个体作为价值与存在的统一，也必然要在精神性的关联存在中——当然主要地是在爱的关联性行为中——实现自身。从表面上来看，结合正文第三章内容，这似乎等于在说，为众多个体所共同缔造的共同体，同时又恰恰就是个体实现与显现的前提和背景，因而，仿佛在个体与共同体之间存在着某种类似于循环论式的解说，但事实上，所有这些似是而非的表象都只在表达一个内容，即，个体与共同体只是在相互之间的关联性行为存在中才有可能，并且在最终的意义上，也只有在爱的行为存在中才有可能，而这恰恰也表明了，以相互间的关联性行为或者说以根本性的爱（与回爱）的行为所建立起的与他者的共在状态，才在根本意义上实现并成就着个体及总体，也才在根本意义上实现并成就着人本身。

参 考 文 献

［1］张志平．舍勒的先验论及其对康德的批判［J］．上海师范大学学报（社科版），2002（3）．

［2］张伟．马克斯·舍勒研究状况述评［EB/OL］．http：//www．cnphenomenology．com/0212082．htm，2002－12－08/2006－04－11．

［3］倪梁康．康德"智性直观"概念的基本含义［EB/OL］．http：//hi．baidu．com/wxiaosong/blog/item/13890c7b0f7570f40ad187fd．html，2004－07－07/2007－02－20．

［4］倪梁康．"伦常明察"：舍勒现象学伦理学的方法支持［J］．哲学研究，2005（1）．

［5］张任之．爱与同情感［J］．浙江学刊，2003（3）．

［6］刘小枫．人是祈祷的 X［A］//走向十字架上的真．上海：三联书店，1995．

［7］刘小枫．个体信仰与文化理论［M］．成都：四川人民出版社，1997．

［8］邓晓芒．康德"智性直观"探微［A］//康德哲学诸问题．北京：三联书店，2006：59．

［9］倪梁康．现象学及其效应［M］．北京：三联书店，1994．

［10］倪梁康．自识与反思［M］．北京：商务印书馆，2002．

［11］弗林斯．舍勒的心灵［M］．张志平，张任之，译．上海：三联书店，2006．

［12］施太格缪勒．当代哲学主流［M］．王炳文，等，译．北

京：商务印书馆，1986：139.

[13] 王恒．时间性：自身与他者 [M]．南京：江苏人民出版社，2006.

[14] 康德．纯粹理性批判 [M]．蓝公武，译．北京：商务印书馆，2002.

[15] 胡塞尔．逻辑研究（第二卷第一部分）[M]．倪梁康，译．上海：上海译文出版社，2006.

[16] 胡塞尔．逻辑研究（第二卷第二部分）[M]．倪梁康，译．上海：上海译文出版社，2006.

[17] 胡塞尔．纯粹现象学通论 [M]．李幼蒸，译．北京：中国人民大学出版社，2004.

[18] 胡塞尔．笛卡尔式的沉思 [M]．张廷国，译．北京：中国城市出版社，2002.

[19] 梅洛－庞蒂．知觉现象学 [M]．姜志辉，译．北京：商务印书馆，2001.

[20] 刘小枫．舍勒选集（上、下）[M]．上海：三联书店，1999.

[21] 舍勒．伦理学中的形式主义与质料的价值伦理学（上、下）[M]．倪梁康，译．北京：三联书店，2004.

[22] 舍勒．知识社会学问题 [M]．艾彦，译．北京：华夏出版社，2003.

[23] 舍勒．同情的本质与形式（又译：情感现象学）[M]．陈仁华，译．台北：台北远流出版社，1991.

[24] Paul Arthur Schilpp, *The Doctrine of 'Illusion' and 'Error' in Scheler's Phenomenology*, The Journal of Philosophy, Vol. 24, No. 23. （Nov. 10, 1927）

[25] Ibana, Rainier R. A., *Max Scheler's Analysis of Illusion, Idols, and Ideologies*, Philosophy Today, 34：4（1990：Winter）

[26] Luther, A. R. , *Scheler's Order of Evidence and Metaphysical Experiencing*, Philosophy Today, 23: 3 (1979: Fall).

[27] Spader, Peter H. , *The facts of Max Scheler*, Philosophy Today, 23: 3 (1979: Fall)

[28] Spader, Peter H. , *The Primacy of the Heart: Scheler's Challenge to Phenomenology*, Philosophy Today, 29: 3 (1985: Fall)

[29] Ranly, Ernest, *Scheler on Man and Metaphysics*, Philosophy Today, 9: 3 (1965: Fall).

[30] Philip Blosser. Athens. *Scheler's critique of Kant's ethic*. Ohio: Ohio University Press, c1995

[31] Manfred S. Frings. *Lifetime: Max Scheler's philosophy of time: a first inquiry and presentation*. Dordrecht: Boston: Kluwer Academic Publishers, 2003.

[32] Scheler Max, *Späte Schriften: mit einem Anhange*. Bern: Francke Verlag, 1976.

[33] Scheler Max, *Wesen und Formen der Sympathiet*. Bern: Francke Verlag, 1973.

[34] Scheler Max, *Der Formalismus in der Ethik und die materiale Wertethik*. Berlin: Francke Verlag, 195